"Tu trabajo necesita una historia nueva. Este es el sobrecogedor reto que *El trabajo fiel* nos induce a plantearnos. Basándose en la sabiduría antigua de la historia bíblica, disipa cuidadosa y elegantemente las distorsiones culturales comunes y la confusión que ahoga el alma. Emerge una visión clarificadora, que nos guía para que adoptemos los ritmos vivificadores de una forma de existir sin costuras, que nos permita vivir en nuestro trabajo cotidiano. Tanto si disfrutas de tu trabajo como si tienes problemas con él, este libro bien diseñado y práctico te ayudará a descubrir cómo la fe da forma y aporta sentido a tu mundo de los lunes. Lo recomiendo".

Tom Nelson
Presidente de Made to Flourish y pastor principal de Christ Community Church, Kansas City

"En este manual breve pero esencial, Ross Chapman y Ryan Tafilowski han creado una guía práctica para comprender el concepto que Dios tiene del trabajo, que va destinado a jugar un rol redentor en un mundo quebrantado, así como en nuestras vidas individuales. Este libro me ha ayudado a considerar mi propio trabajo (tanto el remunerado como el que no lo está) bajo una luz nueva y esperanzadora".

Angie Ward
Profesor asociado de liderazgo y ministerio en el Denver Seminary, y autor de I Am a Leader: When Women Discover the Joy of Their Calling

"Fundamentando su argumento en la misión de Dios, la vocación y el llamamiento, e incluso en la teología política, Ross Chapman y Ryan Tafilowski apelan a nuestros deseos más profundos de participar en la actividad holística, redentora, de Dios, y de amar a nuestro prójimo. Inspiran nuestra imaginación con un llamamiento a estimar el trabajo diario como algo intrínsecamente valioso, misionalmente enfocado, una actividad que vivifica y transforma. Asimilar la teología del trabajo que los autores exponen en este libro nos llevará a un nuevo gozo en nuestro trabajo cotidiano, a una nueva visión sobre su propósito en el mundo y a una nueva esperanza en su capacidad de contribuir al progreso de todos. Esta es una lectura obligada".

Patty Pell
*Profesora adjunta de teología, justicia
y derecho social en el Denver Seminary*

"*El trabajo fiel* es sucinto y está bien escrito, y hunde unas profundas raíces en la teología. Los autores explican las tensiones realistas que supone vivir una cultura cada vez más pluralista y polarizada, pero al mismo tiempo ofrecen una visión esperanzadora de cómo nuestro trabajo puede participar en la redención de todas las cosas. Este libro es una guía extremadamente útil para quienes deseen conectar su fe con su trabajo".

Kenman Wong
*Profesor en la Seattle Pacific University y
coautor de* Business for the Common Good:
A Christian Vision for the Marketplace

"*El trabajo fiel* es una guía provechosa para quien quiera depositar el fundamento de su trabajo en la piedra angular correcta. Este manual, sucinto y accesible, sustituye a cualquier idea común y errónea (como puede ser la división entre sagrado y secular), aportando una perspectiva de la perfección divina. Nos llama a realizar un buen trabajo en aquellos lugares donde Dios nos ha llamado, y nos inspira a que se vuelva intrínsecamente bueno porque Dios trabaja. *El trabajo fiel* mantiene un pie en la realidad de trabajar en el mundo tal como es, no como desearíamos que fuese, y nos enfrenta a una pregunta importante: ¿y si nuestro trabajo diario fuera el lugar central donde la Iglesia encarna el evangelio en la vida cotidiana?".

Barry Rowan
Autor de The Spiritual Art of Business *y exdirectivo de alto nivel en cuatro empresas públicas*

"*El trabajo fiel* nos exhorta a conseguir que nuestra oración que pide la manifestación del reino de Dios sea coherente con la práctica de hacer un trabajo redentor. El libro está lleno de ideas pertinentes y prácticas que los trabajadores pueden aplicar a cualquier empleo, y que ayudarán a los lectores a conseguir que su trabajo cobre más sentido".

Shundrawn A. Thomas
Autor de Discover Joy in Work:
Transforming Your Occupation into Your Vocation

"Ross Chapman y Ryan Tafilowski ofrecen una guía teológicamente sólida y bíblicamente rica para nuestro trabajo, algo que todos necesitamos. Recomiendo muchísimo *El trabajo fiel* a cualquiera que busque una visión apasionante para su trabajo".

David Spickard
Fundador y director ejecutivo de 11 Ten Leadership

"Con una brevedad refrescante, sabiduría bíblica y una atención constante a la rutina cotidiana del trabajo, *El trabajo fiel* invita a los cristianos a entender su trabajo como un elemento esencial de la actividad redentora de Dios. Este libro es perfecto para todos los trabajadores que anhelan un sentido y un propósito más profundos en su trabajo cotidiano. También sería un libro idóneo para el debate en grupo, clases para adultos y grupos de recursos con base bíblica para compartir con empleados. *El trabajo fiel* nos inspira con la valiente afirmación de que 'nuestra mayor oportunidad radica en el trabajo cotidiano'".

Mark D. Roberts
Estratega jefe para el Max De Pree Center for Leadership

EL TRABAJO FIEL

FE Y TRABAJO

andamio

Para Candace y William, Pierce y Beckett. Que entendáis siempre cómo podéis hacer vuestro trabajo con Dios y para otros.

ROSS

Para Bill y Penni Van Horn.

RYAN

EL TRABAJO FIEL

En la vida cotidiana con Dios y para los demás

Ross Chapman y Ryan Tafilowski

Índice

Introducción

Nuestra mayor oportunidad radica en el trabajo cotidiano

La comida es esencial para la vida.
Por lo tanto, haz que sea buena.

— **S. Truett Cathy**, fundador de Chick-fil-A

Este ya es un lema habitual de los restaurantes Chick-fil-A, pero es más que eso. La fe cristiana de Cathy convirtió esta declaración en la obligación de amar al prójimo con excelencia. Los restaurantes de comida rápida hacen buena comida. Hoy ya son millones de personas las que tienen la ocasión excepcional de disfrutar de un bocadillo de pollo siempre que les apetezca.

También hacen un buen trabajo. Su servicio de atención al cliente figura siempre entre los mejores de las listas de restaurantes donde sirven comida rápida.[1] El producto (comida) *y* el proceso (atención al cliente) son un resultado directo de cómo una visión bíblica del trabajo cambia el porqué, el qué y el cómo del trabajo diario.

Yo (Ross Chapman) quiero proponer que podemos hacer la misma afirmación sobre el trabajo: el trabajo es esencial para la vida; por lo tanto, haz que sea bueno.

Lo que tenemos la esperanza de que descubras en este libro es que estas dos partes de la afirmación anterior son una manera sencilla de resumir lo que Dios, por medio de la Escritura, dice sobre el trabajo.

¿Alguien negaría que el trabajo es esencial para la vida?

Denver, donde está la sede de nuestra organización, es una ciudad que a menudo intenta trabajar lo menos posible para dejar más tiempo para el ocio, pero incluso esta ciudad diría que el trabajo es esencial. Un empleo flexible con buen sueldo es algo muy buscado, porque permite disfrutar de tiempo de ocio, ya sea la práctica de deportes de invierno en las Montañas Rocosas, recorrer en bicicleta las numerosas pistas y calles de Denver, o disfrutar del ocio y de los restaurantes por la tarde.

Por lo tanto, el trabajo es esencial porque es lo que me permite obtener algo que deseo más que trabajar. Es el medio para alcanzar un fin que he determinado yo mismo.

Para ti, ese fin determinado quizá no sea esquiar, hacer senderismo o disfrutar de la vida nocturna. Tal vez sea disponer de más recursos económicos para vivir cómodamente o para tener unas vacaciones estupendas. Posiblemente sea trabajar lo suficiente como para "poner el piloto automático" cuando te jubiles. A lo mejor es lo que tienes que hacer para pagar facturas. Puede que sea el medio de obtener el estatus que quieres tener entre tus iguales y los miembros de tu familia. Quizá sea tan solo el ritmo que ha creado la sociedad de la rutina en un intento de hacer que las cosas funcionen y progresen.

Según parece, el trabajo es ineludible. La verdad es que es esencial para la vida; pero es esencial por motivos mucho más importantes que los que acabamos de mencionar.

A menudo, en nuestras comunidades de fe locales no se habla de la historia del trabajo, o se presta atención solo a la faceta instrumental de este, lo cual significa que nuestro trabajo diario únicamente puede ser un medio para obtener algo más importante. Y ese algo, típicamente, está definido por nosotros o por nuestros líderes espirituales. Son incontables los asistentes a la iglesia que han recibido el mensaje de que su trabajo cotidiano sirve sobre todo a dos propósitos: (1) ofrendar para la obra de la Iglesia expresada en ministerios, oenegés y misioneros; y (2) la evangelización. A veces no se confiere al trabajo ni siquiera un valor instrumental; se concibe más bien como un estorbo en el camino de las actividades "espirituales".

Hay muchos factores que contribuyen a un mal concepto del trabajo, puntos de vista que son limitados, estrechos o negativos; en este breve libro analizaremos unos pocos. Pero esta no es la imagen del trabajo que hallamos en la Escritura. La Biblia tiene un concepto muy positivo del trabajo.

Lo primero que Dios nos dice de sí mismo es que es un Dios que trabaja. "Dios, en el principio, creó" (Gn. 1:1). O dicho de otra manera, Dios trabajó. Partiendo de la nada hizo el universo y todo lo que hay en él. Eso es más trabajo del que una persona, o toda la humanidad junta, es capaz de imaginar. Y también es un mejor trabajo del que podemos concebir. A Dios le gusta el trabajo, disfruta de él, hasta el punto de que es lo primero que nos dice de sí mismo.

Por supuesto, Dios también tenía un propósito para el trabajo que hizo, un propósito autodeterminado. Pero una cosa es que *Dios* tenga una visión instrumental del trabajo, porque él es verdadero, justo y totalmente bueno; y otra cosa bien distinta es que la *humanidad* tenga un concepto autodeterminado, porque la humanidad no es totalmente buena, justa y verdadera.

A lo largo de este libro exploraremos brevemente el trabajo de Dios y el de la humanidad, y veremos cómo Dios los destinó a que se complementasen.

Desde el principio, el plan divino fue que nuestro trabajo cotidiano corriese a la par de su trabajo y sus propósitos y que se sometiera a ellos. Nuestro trabajo añade al suyo. Cuando hacemos nuestro trabajo diario partiendo de lo que él nos destinó a ser (los portadores de su imagen, que tienen la responsabilidad de aportar fecundidad a su Creación), experimentamos en parte lo que significa realmente ser humanos, lo que es vivir la vida plenamente.

El relato del origen del trabajo es bueno, emocionante y empoderador. Es un mensaje sobre la dignidad y el propósito de todo el trabajo diario de la humanidad, no solo sobre lo que consideramos un trabajo espiritual o sagrado.

Pero la experiencia cotidiana que tenemos del trabajo está rota.

A veces, el trabajo no es más que una actividad dura y frustrante; los resultados no reflejan el esfuerzo invertido; se recompensa un mal trabajo y se ignora uno bueno; los sistemas crean ganadores y perdedores. Los abusos de poder, la injusticia y los productos de mala calidad o nocivos abundan en nuestra experiencia laboral rutinaria. El trabajo resulta agotador y estéril, contraproducente hasta la frustración, y difícil de encajar con los propósitos de Dios.

Este es el motivo por el que muchas personas, incluyendo a los cristianos (y a veces especialmente ellos), den por hecho que el trabajo es malo. Es como si se hubiera torcido en la dirección errónea. Pero el relato sobre el origen del trabajo contradice esta conclusión. El trabajo se nos dio como un regalo beneficioso y una invitación a ser cocreadores con Dios.

Cuando la humanidad se rebeló contra Dios y tomó el trabajo en sus propias manos, este se volvió más arduo y menos productivo. *Sin embargo, el trabajo sigue siendo esencial para la vida y, como todo lo demás en el mundo creado por Dios, precisa redención.*

A esto se debe que la segunda afirmación siga a la primera. Dado que el trabajo es esencial para la vida, hagámoslo bien.

Redimir el trabajo o trabajar redentoramente significa, sencillamente, que cada vez que nos encontremos con un trabajo malo y roto lo convirtamos en uno bueno y santo. Esta es la misión del trabajador que sigue a Jesús.

Si nosotros, como cristianos, entendemos el trabajo como Dios lo ve, debemos encontrar e intentar sanar el quebrantamiento presente en nuestro trabajo diario, como personas inmersas en los sectores público, privado y social. También debemos encontrar maneras de convertir en redentor el trabajo de la familia y el de ser buenos vecinos.

Sin duda, la comida es esencial para la vida. Como hemos visto, lo mismo se aplica a todo tipo de trabajo, no solo al negocio de la restauración; desde los documentos legales hasta las reparaciones de automóviles, desde la política gubernamental hasta el equipo de *fitness*, y desde el mantenimiento de las líneas eléctricas hasta la administración financiera. La renombrada ensayista Dorothy L. Sayers clarifica la misma idea en su ensayo "¿Por qué trabajar?", cuando dice: "Cuando un hombre o una mujer es llamado a un empleo concreto del trabajo secular, esta es una vocación tan auténtica como si fuese llamado o llamada a un trabajo específicamente religioso".[2]

¿Por qué? Porque los cristianos pueden ser algo más que trabajadores comprometidos, buenos o exitosos. Pueden ser trabajadores redentores. Cualquier ámbito industrial necesita que lo sean.

¿Te puedes imaginar a Jesús haciendo oídos sordos a los sistemas, las prácticas y los productos mal hechos en su ramo de la artesanía? ¿Te imaginas a Pablo tejiendo productos de calidad inferior o mediocre como fabricante de tiendas? Jesús y Pablo dedicaron la mayor parte de su tiempo al trabajo cotidiano, y estoy seguro de que encontraron modos de trabajar redentoramente en sus tareas.

El trabajo diario de los cristianos es la mayor oportunidad con que cuentan las iglesias para complementar el trabajo de Dios. Sin embargo, durante siglos esta oportunidad se ha ignorado en gran medida, y a menudo se ha desperdiciado. Esto no debe seguir así.

A continuación, expondremos un breve punto de partida para que hagas que tu trabajo cotidiano sea redentor, un proceso que incluye y que trasciende el hecho de compartir tu fe con un compañero de trabajo, iniciar un estudio bíblico en tu entorno laboral o financiar una obra "espiritual", aunque todas estas actividades son positivas. Plantearemos el desafío de pensar teológicamente en nuestra industria y nuestro lugar de trabajo; de buscar personalmente la salud espiritual profunda; de hacer un trabajo bueno y beneficioso; de aceptar las relaciones que comporta la actividad laboral; y de servir a otros de forma sacrificada.

Tenemos la esperanza de que esta introducción a la enriquecedora teología del trabajo estimule tu vida y te anime a aportar sentido a tu trabajo diario conforme al plan redentor de Dios. Cuando suceda esto, el trabajo en la sociedad cambiará, y las personas verán a Jesús de un modo nuevo y atractivo.

La importancia del trabajo

Si pudiésemos aceptar [un] concepto más amplio de la misión como servicio cristiano en el mundo, que incluye tanto la evangelización como la acción social (un concepto que nos impone el modelo de la misión de nuestro Salvador en este mundo), los cristianos podrían, sometidos a Dios, tener un impacto mucho mayor en la sociedad.

— John Stott

Hoy en día, por lo que respecta a nuestra vida laboral, muchos de nosotros estamos menos que satisfechos. Aparte del hecho de que nuestros empleos nos proporcionan un sueldo, en realidad no percibimos ningún sentido o propósito en lo que hacemos día tras día. Nos sentimos aislados de nuestros colegas en el trabajo, vacilantes a la hora de entender nuestro llamamiento, y no sabemos cómo manifestar nuestra fe personal y nuestros compromisos públicos en entornos como el de la empresa, la enseñanza, el derecho y la sanidad. Es esencial hallar respuestas para estos dilemas si queremos llevar vidas cristianas integradas, vitales, no solo los domingos sino también los otros seis días de la semana.

Después de todo, pasamos una tercera parte de nuestras vidas adultas en el trabajo, posiblemente más de noventa mil horas. La vida no consiste solo en trabajar, pero sin duda el trabajo es una parte considerable de ella. Y si no abordamos nuestro trabajo entendiendo *por qué* hacemos *lo que* hacemos, en un contexto que es mayor que nosotros mismos, nuestras vidas cotidianas pueden parecer desconectadas de nuestra fe. Por supuesto, no es algo intencional, pero nuestra falta de coherencia nos lleva a vivir en dos mundos separados y a menudos inconexos: la iglesia y el trabajo, la vida privada y la pública, los valores y los hechos.

No hay una pobreza peor que la producida cuando nos arrebatan el trabajo y la dignidad que este comporta. Dentro de una sociedad genuinamente desarrollada, el trabajo constituye una dimensión esencial de la vida social, porque no solo es un medio para ganarse el pan de cada día, sino también un camino para el crecimiento y la autoexpresión personales, la forja de relaciones saludables y el intercambio de dones. El trabajo nos proporciona una sensación de responsabilidad compartida sobre el progreso del mundo y, en última instancia, sobre nuestras vidas como personas.[1]

¿Ha sido siempre así?

Según el sociólogo alemán Max Weber, hubo un tiempo en que el mundo fue como "un gran jardín encantado", cuando las personas concebían los elementos ordinarios de su mundo y de su experiencia como piezas integradas en un gran tapiz cósmico. Se pensaba que el trabajo humano participaba de una realidad mayor, espiritual y trascendente: no existía distinción alguna entre lo sagrado y lo secular.

Actualmente, la mayoría de nosotros no piensa así de su trabajo. Según Weber, empezando con la Ilustración del siglo XVIII, la modernización acelerada, la tendencia a la secularización y la burocratización del trabajo convergieron en lo que él llamó "el desencanto del mundo". El mundo ya no se entiende como un "jardín encantado", sino más bien como un espacio desnudo, estéril, donde nos sentimos alienados unos de otros y de la naturaleza de nuestro trabajo.[2] Como resultado, para la mayoría de nosotros en las culturas occidentales, el trabajo se ha vuelto totalmente secular, separado de todo marco trascendente de sentido último, desprovisto de todo valor intrínseco, y reducido a un medio para alcanzar un fin, que casi siempre es la acumulación de riqueza material. La fe se divorcia de la razón y es expulsada del foro público, arrumbándola a nuestra vida privada.

El resultado ha sido un paradigma completamente dualista que casi todos los occidentales modernos (incluyendo muchos cristianos) aceptan sin pensarlo dos veces. Plantéatelo así: los compromisos religiosos se han confinado al espacio privado y se consideran inapropiados en el foro público; de la misma manera que si celebraras una fiesta en tu casa, podrías esperar encontrarte a invitados en la sala de estar, pero te alarmaría encontrar a alguien en tu dormitorio. Podríamos decir que los valores religiosos han sido desterrados de la sala de estar: lo que alguien crea en privado es asunto suyo, dice la idea dominante, pero las creencias religiosas no tienen cabida en las conversaciones de interés común. Así, el cristianismo pasó de ser un bien público a uno privado, y ahora, según el pensamiento de muchos, a ser un mal privado.

Para el cristiano, una actividad que no sea pecaminosa o desagradable para Dios no es en sí misma ni sagrada ni secular. Pero buena parte del pensamiento cristiano se ve moldeado, inconscientemente, por postulados dualistas, especialmente en lo tocante al trabajo. Por ejemplo, en un principio podemos considerar que el trabajo ministerial tradicional (como el de los pastores, misioneros o trabajadores humanitarios) es más sagrado que el trabajo ordinario, secular, como practicar el derecho, montar tuberías o dar clases de ciencias en segundo de ESO. De hecho, el dualismo está vivito y coleando entre los cristianos. Según una encuesta reciente, el 70 % de estadounidenses que frecuentan la iglesia no ve cómo cumple su trabajo los propósitos de Dios, y un 78 % cree que su trabajo es menos importante que el de un pastor o un sacerdote.[3]

Esta escisión entre lo sagrado y lo secular es un concepto totalmente ajeno al Nuevo Testamento, que enseña que todas las cosas hechas en y por medio de Jesucristo con el poder del Espíritu son sagradas.

Es verdad que hemos acabado empantanados en un dilema, pero no es un dilema real; es fruto de un malentendido. La división sagrado/secular no tiene fundamento alguno ni en el Antiguo ni en el Nuevo Testamento. Sin duda, un entendimiento más perfecto de la verdad cristiana nos librará de ese cisma. Como ha escrito A. W. Tozer: "Uno de los mayores obstáculos para la paz interior al que se enfrentan los cristianos es el hábito común de dividir nuestras vidas en dos áreas: la sagrada y la secular".[4]

Podemos recurrir a la Biblia para disolver esta división falsa sagrado/secular, y para encontrar la manera de reintegrar la fe y el trabajo:

- Todas las cosas (incluyendo todas las industrias y los sistemas sociales) están siendo redimidas (Colosenses 1:17-20).

- Lo sagrado y lo secular no son solo realidades externas, sino que incluyen también las esferas pública y privada (Lucas 6:43-45).

- Cualquier actividad puede realizarse sagrada o secularmente (Colosenses 3:17, 23-24).

Desempeñar nuestros trabajos seculares de forma espiritual es una manera profundamente cristiana de estar en el mundo. Como Lesslie Newbigin escribe en su libro *Truth to Tell* [A decir verdad]:

> El compromiso serio con el evangelismo, con la exposición de la historia que la Iglesia es enviada a contar, supone un cuestionamiento radical de las hipótesis imperantes de la vida pública. Conlleva afirmar el evangelio no solo como una invitación a una decisión privada y personal, sino como una verdad pública que debería reconocerse como cierta para todas las esferas de la vida social.[5]

Sacralizar el trabajo

El trabajo es nuestra oportunidad para participar en el gran plan de Dios para reconciliar consigo mismo al mundo en Cristo. El trabajo es nuestra ocasión de participar en la redención de todas las cosas. El trabajo es el ámbito en el que damos forma a un pequeño rincón del mundo. Da lo mismo que seas abogado, trabajador en una fábrica, fontanero, maestra, amo o ama de casa, voluntario a tiempo completo, propietario de una pequeña empresa o de una más grande: el trabajo es lo que te proporciona la posibilidad de modelar la civilización humana en toda su especificidad y su belleza.

Y digámoslo claramente: cuando hablamos del trabajo, no hablamos solo de empleos remunerados o de empresas que producen un rendimiento. El trabajo del padre o madre que se queda en casa y que cuida incansablemente del hogar y de los hijos es tan valioso como tener una carrera en el mundo corporativo. El trabajo, remunerado o no, es una oportunidad de involucrarse espiritualmente en el mundo actual.

Como cristianos disponemos de la increíble oportunidad de participar en la cultura durante nuestras jornadas normales, ordinarias. La fe y el trabajo no deberían estar separados; al contrario, la esencia de nuestra fe debe vivirse en la práctica, durante el trabajo día tras día en el hogar o en una empresa.

En el librito clásico de John Stott *La misión cristiana en el mundo moderno*, el autor formula una pregunta que clarifica por qué es tan importante y tan relevante la conexión entre nuestra fe y nuestro trabajo: *¿cuál es exactamente la misión cristiana? ¿Para qué ha enviado Dios la Iglesia al mundo?*

Saber la respuesta a esta pregunta nos ayudará a responder claramente dos preguntas importantes más: ¿qué somos enviados a hacer exactamente como individuos, y cómo se relaciona esto con nuestro trabajo?[6] Jesús dejó claro que su misión consistía tanto en palabras como en hechos, y la misión cristiana está pensada para que incluya tanto una responsabilidad evangelística como una social. Por consiguiente, Stott concluye que el trabajo se encuentra en el centro de la misión cristiana:

> Sin duda, algunos son llamados a ser misioneros, evangelistas o pastores, y otros a ejercer profesiones importantes, como pueden ser la abogacía, la educación, la medicina o las ciencias sociales. Otros son llamados al comercio, a la industria, a la agricultura, a seguir profesiones bancarias y contables, al Gobierno o al Parlamento, a los medios de comunicación… En todos estos ámbitos, y en muchos otros, una persona cristiana puede llevar adelante su trabajo de manera cristiana sin necesidad de verlo como un mal necesario… sino reconociéndolo como su vocación cristiana, el modo en que Cristo lo ha llamado para servirle.[7]

A la luz de la misión cristiana podemos extraer dos conclusiones principales sobre la naturaleza del trabajo:

- El trabajo es el mejor vehículo del que disponemos muchos de nosotros para amar a nuestro prójimo como a nosotros mismos. En el trabajo es donde hallamos nuestras oportunidades más frecuentes para servir al bien común, usando nuestros talentos y habilidades para servir a otros.

- El trabajo es el contexto para hacer discípulos y para la proclamación verbal del evangelio de la gracia. No todas las actividades laborales ofrecerán ocasiones para compartir las buenas noticias, pero Dios puede usar la mayoría para hacer que nos parezcamos más a Cristo. Y al igual que la Palabra de Dios da forma a nuestra motivación para trabajar, pasará de nuestros corazones a nuestros labios como una copa que rebosa de agua de vida.

Examinemos de qué maneras estas dos conclusiones ofrecen respuestas para dos preguntas muy importantes.

Pregunta: ¿cómo podemos tratar el hecho de que la mayoría del mundo no conoce a Cristo y de que el conocimiento de su verdad no figura en las industrias de nuestra cultura occidental moderna?

Respuesta: podemos entender nuestro trabajo a la luz de la fe cristiana. Esto conlleva aprender y cambiar nuestra forma de pensar, de modo que como cristianos podamos dar testimonio de la gracia y del señorío universal de Cristo de tal manera que alcance a los presentes en nuestra industria y en nuestra cultura.

Pregunta: ¿cómo podemos contribuir a aliviar el sufrimiento de un mundo repleto de desesperantes problemas sociales, medioambientales, espirituales y culturales, que van desde el empleo y la justicia hasta los ídolos y los corazones vacíos?

Respuesta: podemos ser siervos de Cristo por medio de nuestro trabajo diario. Podemos aprender a servir mejor a otros en nuestras organizaciones, comunidades y profesiones. Como cuerpo de Cristo, podemos ayudarnos unos a otros a prepararnos para obras de servicio en nuestro trabajo cotidiano (ver Efesios 4:12).

Albergamos la esperanza de que este breve volumen aumente la comprensión de lo que significa que nuestra fe se interseque con nuestro trabajo, y que gracias a ese entendimiento nuestras ciudades se llenen de discípulos de Jesús, buenos ciudadanos que pongan en práctica lo que enseña el evangelio, no solo en la iglesia los domingos sino también cada día y en todas las esferas de la vida. Cuando nuestra fe se integra con nuestro trabajo, nos transforma para apasionarnos por descubrir lo verdadero, lo bueno y lo hermoso en la obra que Dios nos ha llamado a hacer.

Nuestro trabajo es importante porque representa a Dios ante el mundo. Al añadir nuestro input único y creativo, ofrecemos nuestro trabajo como una contribución redentora a la cultura y entregamos a Dios nuestro trabajo en el mundo, como tributo para él.

02

La historia real del trabajo, resumida

En algunos de los movimientos cristianos contemporáneos más enérgicos hallamos la idea extendida de que el llamamiento bíblico a la reconciliación consiste solamente en reconciliar a Dios con la humanidad, sin hacer referencia a las realidades sociales. Bajo este punto de vista, la predicación, la enseñanza, la vida eclesial y la misión consisten tan solo en la relación personal entre los individuos y Dios. La energía cristiana busca obtener conversos, plantar y edificar iglesias y realizar campañas evangelísticas.

— *Emmanuel Katongole y Chris Rice*

Nuestra manera de pensar en el trabajo está relacionada con el modo en que concebimos el evangelio. Si nuestro concepto del evangelio es demasiado estrecho, llegaremos a un entendimiento *instrumental* de nuestro trabajo, lo cual supone que el trabajo es positivo solamente por el valor que puede crear para alguna otra cosa. Pero si permitimos que la Escritura amplíe nuestro entendimiento, podemos incluir una visión *intrínseca* de nuestro trabajo, que significa que el propio trabajo tiene valor.

Como ilustración, pensemos en una concepción instrumental e intrínseca de los seres humanos. Si entendemos a las personas, primariamente, como instrumentos o herramientas, ignoramos o reducimos su dignidad intrínseca. Esto se llama deshumanización. El concepto instrumental de la humanidad conduce a todo tipo de atrocidades, como el esquema Ponzi utilizado por Bernie Madoff,[*] la manipulación de colegas en el trabajo e incluso el peor tipo de maldad humana: el genocidio.

La concepción instrumental del trabajo no está errada, ni dará pie a la maldad que supone la escala de la deshumanización, pero es incompleta y sus efectos son reales. El trabajo se convierte en lo que conduce a la supervivencia o al éxito del individuo, a su sentido de identidad y a su estatus o relevancia.

Considerar el trabajo a través de una lente intrínseca presta dignidad al trabajo, y con esta concepción más amplia, encontraremos manera de insertar nuestro trabajo en la misión de Dios de hacer nuevas todas las cosas.

Un evangelio demasiado pequeño equivale a un mal concepto del trabajo

Muchos de nosotros hemos crecido con un evangelio que tiene dos partes:

Primera parte: los humanos son pecadores que están separados de Dios.

Segunda parte: Jesús murió por nuestros pecados, para que tras la muerte podamos ir al cielo para estar con Dios.

Este es un cimiento sólido, totalmente cierto, y supone una buena noticia indiscutible. Sin embargo, hay más buenas noticias, y

---

* N. del T. Bernie Madoff fue condenado a 150 años de cárcel por haber estafado más de 65 000 millones de dólares a clientes de todo el mundo utilizando el sistema piramidal Ponzi destinado a atraer inversores; consiste en pagar a los inversores anteriores con fondos procedentes de los inversores recientes.

el resto de ellas es esencial para nuestra manera de entender el trabajo. El evangelio bipartito no es un marco útil para pensar en el valor redentor del trabajo, porque, simplemente, es demasiado estrecho. ¿Cómo encajan nuestros días ordinarios en este entendimiento del evangelio? ¿Qué se supone que debemos hacer con nuestro tiempo en la Tierra mientras aguardamos a estar con Jesús en el cielo? Este evangelio truncado suele coincidir con una visión *instrumental* del trabajo: trabajamos para ganar dinero que podamos donar a iglesias y oenegés que desempeñan el trabajo "real" de la misión cristiana.

Pero el evangelio consiste en más que en estas dos partes. Es una obra de teatro que se despliega de principio a fin y a lo largo de la Escritura en cuatro actos: creación, caída, redención y nueva creación. Esta visión ampliada nos ayuda a entender cómo encaja nuestro trabajo en la gran misión divina de reconciliar consigo *todas las cosas* (no solo a los pecadores individuales) en los cielos y en la tierra (Efesios 1:10; Colosenses 1:20). La buena noticia del evangelio de cuatro partes es mucho mejor de lo que somos conscientes, y también significa que las malas noticias son mucho peores de lo que hemos pensado. Esto es lo que queremos decir:

1. *Creación*: los relatos de la Creación en Génesis describen a un Creador bueno y sabio que manifiesta tener una naturaleza colaborativa, es decir, que "trabaja con". Se comparte libremente a sí mismo y su obra con las únicas criaturas que llevan su imagen: los seres humanos (ver Génesis 1:28-31; 2:15-25). Muy significativamente, vemos que el trabajo *precede* a la caída en el pecado y en la muerte, y nos damos cuenta de que el trabajo es una de las cosas buenas originales de la Creación. La naturaleza positiva y fundamental del trabajo se manifiesta de la forma más explícita en lo que a menudo se llama el *mandato cultural*, cuando Dios encomienda a los seres humanos cuidar de la Creación y procurar que esta se desarrolle (ver Génesis 1:28-30 y 2:15). En este sentido, ser humano significa ser una criatura que tiene cosas que hacer: somos incorporados a la obra dinámica de la Creación divina y se

nos pide que cuidemos de lo que él ha hecho. Somos responsables ante Dios del trabajo que hacemos.

2. *Caída*: el suceso conocido como la Caída (una rebelión catastrófica contra Dios que sumió a todo el orden creado en un estado de caos y de esclavitud, ver Génesis 3–11; Romanos 8:19-23), trastornó la armonía de la Creación positiva de Dios en múltiples niveles. La Caída y sus consecuencias tienen un alcance tanto *personal* como *cósmico*, ensuciando lo que llamaremos las cinco relaciones clave:

- Nuestra relación con nuestro verdadero yo (psicológica).

- Nuestra relación unos con otros (social).

- Nuestra relación con sistemas y estructuras (sistémica).

- Nuestra relación con el orden creado (ecológica).

- Nuestra relación con Dios (teológica).

Debido a la Caída, hacemos nuestro trabajo cotidiano como seres *caídos* y *cadentes*, e intentamos cumplir el mandato cultural dentro de sistemas, industrias, economías, ciudades, estados y naciones que se han visto retorcidos y distorsionados por el pecado.

3. *Redención*: toda faceta de la vida humana (incluyendo el trabajo) existe a la sombra de la Caída. Dios interviene repetidamente, a partir de Génesis 3 y a lo largo de todo el Antiguo Testamento. Rescata y forma a un pueblo para que se convierta en una nación santa que ofrezca guía para la vida y el trabajo a todas las naciones (Génesis 12:1-3; Éxodo 19:5-6). Entonces, como dice el Nuevo Testamento, Dios ha actuado de forma radical y decisiva por medio de la vida, la muerte, la resurrección y la ascensión de Jesucristo para "reconciliar consigo todas las cosas, tanto las que están en la tierra como las que están en el cielo" (Colosenses 1:20). De la misma manera que la Caída es tan personal como cósmica, la cura también es ambas cosas, y una vez admitamos esto descubriremos

un nuevo propósito para nuestro trabajo. Teniendo en mente una visión más amplia de la redención, nuestro trabajo ya no es un medio instrumental para alcanzar un fin, sino que en un sentido limitado es un fin en sí mismo. Nuestro trabajo no es salvífico, es decir, no es la respuesta a la maldición que atenaza a la Creación, pero gracias a Jesús es una de las maneras en que Dios invita a su pueblo a participar de la misión de reconciliar en Cristo el cielo y la tierra (Efesios 1:10).

4. *Nueva creación*: un elemento crucial para el argumento de la Biblia es que Dios pretende redimir y restaurar su Creación caída, no abandonarla. Contrariamente a algunos malos entendidos populares sobre los últimos tiempos, Jesucristo no nos rescata *del* mundo; nos rescata *para la vida del mundo*. Apocalipsis 21–22 habla de un cielo nuevo y una tierra nueva, que Dios ha reintegrado por fin en una ciudad perfecta, incluyendo los sistemas y las estructuras que han sido disgregados y retorcidos por el pecado y la muerte. Y la cosa mejora: el Nuevo Testamento hace la valiente afirmación de que es posible que el pueblo de Dios, por el poder del Espíritu Santo, viva de tal manera que no solo *anticipe* el reinado futuro de Dios cuando todas las cosas serán hechas nuevas, sino que viva de modo que *participe* en ese futuro, que los cristianos llaman "el reino de Dios". El reto al que nos enfrentamos es imaginar cómo nuestro trabajo puede ser señal y anticipo del reino de Dios que ya está aquí y que descenderá plenamente como una ciudad perfecta.

Este evangelio de cuatro partes ofrece un marco completo para nuestra vida aquí en el mundo. Nos ayuda a entender que se espera de nosotros que participemos en la gran misión de redención de Dios al vivir la vida *con* Dios para la vida del mundo *por medio de* nuestro trabajo. Dios hace su trabajo de reconciliar todas las cosas consigo mismo, esas cinco relaciones clave, ¡por medio de *nuestro* trabajo!

La historia completa y qué importancia tiene

Para que el evangelio sea ortodoxo (es decir, se afirme históricamente y sea cierto) debe incluir a unos individuos que son salvos por gracia cuando ponen su fe en Cristo. Pero para ser ortodoxo, también debe incluir algo más que la redención de almas individuales. Se nos recuerda que a Dios le complace "reconciliar consigo todas las cosas" (Colosenses 1:20). Y "todas las cosas" comporta una frase griega muy técnica que significa… bueno, pues… "todas las cosas".

Según la Biblia, la obra de redención se produce en consonancia con las cinco relaciones clave que esbozamos antes. Dios quiere que nuestro trabajo se una a su actividad para paliar el quebrantamiento de nuestro mundo de estas maneras:

1. *La redención con Dios*, la salvación, que posibilita nuestra unión y comunión con Cristo tanto ahora como eternamente. Esto significa vivir como ejemplo e imagen de Cristo en el trabajo, y compartir sus buenas noticias adecuada y reflexivamente dentro del contexto de nuestras relaciones laborales.

2. *La redención en nuestras vidas*, la santificación, o la sanación y la transformación de nuestros pensamientos, palabras y actos para los propósitos divinos. Esto incluye nuestras motivaciones y actitudes, la ansiedad por nuestro rendimiento laboral, los ídolos de nuestros corazones e incluso los modos en que influimos en otros y les guiamos.

3. *La redención unos con otros*, buscar el perdón, hacer la paz, amar a nuestros enemigos o no devolver los intentos de un compañero de trabajo para difamarnos o perjudicarnos de otra manera.

4. *La redención de sistemas y de estructuras*, transformar la manera en que la Caída ha afectado a sistemas, procesos, políticas, métodos y procedimientos. Hoy día esto podría

estar relacionado con las prácticas de compensación, las políticas que afectan o incluso causan la crisis de falta de vivienda asequible, los préstamos fraudulentos el día de la paga, el tráfico de personas, los prejuicios implícitos en la contratación o las diversas categorías para proteger la salud de distintos empleados dentro de una misma organización.

5. *La redención del mundo creado*, haciendo nuevo cada aspecto de la Creación que gime por "ser liberada de la corrupción que la esclaviza" (Romanos 8:21). Esto podría incluir nuestra preocupación por el mal uso y el abuso de los recursos naturales, la contaminación de nuestros océanos y el descuido de nuestras masas forestales que provoca incendios evitables.

Como cantamos triunfantemente cada Navidad con el himno clásico "Al mundo paz", "Al mundo él gobernará con gracia y con poder. A las naciones mostrará su amor y su poder". ¡Qué visión tan estupenda! La obra de Cristo en la cruz, ¿se aplica principalmente a restaurar a los individuos a la unión consigo mismo? Sí. Y debe ir más allá de este propósito, llegando a todas las maneras en que Dios está sanando los efectos corruptores del pecado sobre el progreso de la humanidad y de la Creación. Como pueblo de Dios, nos asociamos con él en su redención y en su restauración de todas las cosas por medio de nuestro trabajo cotidiano.

¿Por qué es importante esto? La gente dice frecuentemente que no perciben la importancia espiritual de sus empleos "seculares". Como mucho, se les ha enseñado una *visión instrumental* de la sacralidad del trabajo: es un medio para ganar dinero y ofrendarlo para la misión de Dios, y nos permite forjar relaciones para compartir el evangelio.

Como hemos visto, la respuesta es: "Bueno, sí, pero también no".

El trabajo constituye un instrumento o plataforma para la misión de la salvación de las personas, pero es más que eso. Un marco más pleno, ampliado y bíblico, de la redención nos permite ver nuestra historia y nuestro trabajo en el mundo como cosas enraizadas más profundamente en la historia de Dios y en su obra en el mundo.

¿Ves cómo una concepción más intrínseca del trabajo puede transformar tu ocupación diaria en algo redentor, algo que haga que los propósitos reconciliadores divinos den fruto allá donde vives y trabajas?

03

Creados y situados por Dios para el trabajo bien hecho

Buscad el bienestar de la ciudad
adonde os he deportado.

Jeremías 29:7

El trabajo nos da la mayor oportunidad que tendremos muchos de nosotros para cumplir el llamamiento de Cristo y su mandamiento de amar a nuestro prójimo como a nosotros mismos. Reflexiona sobre esta declaración. ¿Y si todos los creyentes en Cristo creyesen esto de verdad? Construir sistemas de alcantarillado, crear empresas, impartir posgrados, cuidar de los ancianos, establecer el orden mediante el sistema legal, recoger los juguetes del suelo del salón... todo esto es amor al prójimo y un componente clave de la misión de Dios para redimir y restaurar todas las cosas.

En el trabajo es donde a menudo encontramos las mejores oportunidades para usar nuestros talentos y nuestras habilidades para amar y servir a otros. En él podemos dar a conocer a todos las riquezas de la sabiduría de Dios. Por lo tanto, debemos permitir que la Palabra de Dios dé forma a nuestras mentes, corazones y motivaciones para nuestro trabajo, y su Espíritu producirá mucho fruto.

Creados a imagen de Dios

Para entender el trabajo dentro del plan de Dios, es necesario que nos remontemos de nuevo al principio, a los elementos básicos de lo que significa ser humanos. Somos creados para llevar la imagen de Dios, un concepto al que nos referimos a menudo con los términos en latín *imago Dei.*

> Y dijo [Dios]: "hagamos al ser humano a nuestra imagen y semejanza…".
>
> Y Dios creó al ser humano a su imagen; lo creó a imagen de Dios. (Génesis 1:26-27)

Pero, ¿qué significa en realidad ser creados a imagen de Dios?

Significa que Dios ha creado a los seres humanos dotándolos de la capacidad exclusiva de razonar y de comunicarse mediante lenguajes complejos, con la capacidad de ejercer libre albedrío y tener un sentido moral, y con la capacidad de relacionarse unos con otros. También se nos dieron instrucciones para que colaboremos con Dios en el cuidado y el cultivo de la Tierra. Nuestro trabajo es ayudar al florecimiento de la Creación al cultivar (desarrollar recursos) y cuidar de ella, como leemos en Génesis 2:15: "Dios el Señor tomó al hombre y lo puso en el jardín del Edén para que lo cultivara y lo cuidara".

Creados para trabajar bien

Cada uno de nosotros ha recibido el regalo de un trabajo concreto que hacer y que debe encajar con el mandato cultural de Génesis 1:28, como nos dice Pablo en Efesios 2:10: "Porque somos hechura de Dios, creados en Cristo Jesús para buenas obras, las cuales Dios dispuso de antemano a fin de que las pongamos en práctica".

Como creaciones especialmente preciosas para Dios, tenemos el privilegio de ser colaboradores suyos en su gran plan de reconciliar al mundo consigo en Cristo. El trabajo, remunerado o no, nos permite participar en la redención y en la restauración de todas las cosas que hace Dios, y ese es el entorno en el que nos ha colocado él para que demos forma a nuestros pequeños rincones del mundo. Da lo mismo si trabajas con sueldo o eres voluntario. El trabajo es el entorno donde tienes la oportunidad de formar y de cultivar la civilización humana en toda la especificidad y la belleza que Dios le ha concedido.

Como cristianos modernos, tenemos la increíble misión de relacionarnos con la cultura durante nuestros días normales, ordinarios, en el trabajo, como un acto de adoración. Debemos practicar la esencia de nuestra fe en nuestro trabajo día tras día, en todas las facetas de nuestra economía y de nuestra sociedad. Esto es lo que significa ser una persona hecha a imagen de Dios, creada para realizar las buenas obras que ha preparado para nosotros desde hace tanto tiempo.

Creados para un lugar

Hemos sido hechos a imagen de Dios y creados para trabajar. También fuimos hechos para un lugar; el original fue el huerto de Edén. En este entorno, los portadores de la imagen divina trabajaron con él para cuidar del jardín y cultivarlo. Las cinco relaciones clave eran las correctas y estaban en orden, pero aquella situación no duró.

Todos anhelamos tener la sensación de encajar en un lugar, un sentido de pertenencia. Pero debido a la Caída, nuestra relación con los espacios físicos donde vivimos, amamos y trabajamos ha quedado fundamentalmente rota. Todos nosotros, como seres humanos, existimos dentro de una *crisis de lugar*.

Todo empezó en Génesis con Adán. Su nombre significa "criatura de la tierra" o "terrícola", y procede del hebreo *adamah*, que se traduce como "sustrato" o "tierra cultivable". Al principio, Dios pretendía que sus seres humanos recién creados mantuviesen una relación orgánica con el entorno del mundo en que vivían. Sin embargo, como leemos en Génesis 3:23-24, debido al pecado de Adán y Eva, los seres humanos se vieron separados de su lugar y desde entonces han existido en un estado de desplazamiento. Gracias a un resultado final y doloroso de la maldición, los seres humanos siguen teniendo la misión de cuidar de la Tierra, pero ahora están obligados a hacerlo como exiliados.

Helmut Thielicke, en su libro *Esencia del hombre: Ensayo de antropología cristiana*, sugiere que esta alienación fundamental sigue caracterizando nuestra existencia humana. El sufrimiento producido por estar desplazados no está reservado solo para los refugiados o para quienes han sido exiliados. Todos somos exiliados que buscan el auténtico entorno al que pertenecen, nuestro verdadero hogar. Thielicke sostiene que, aunque estamos desplazados, "el hogar y el lugar forman parte de la identidad humana. Tenemos nuestro ser en aquello que nos sustenta en la historia que vivimos, en las casas que habitamos". Sigue diciendo que "si perdemos todo esto, nos perdemos a nosotros mismos".[1]

Somos personas que desarrollan sus historias físicas en lugares tangibles que nos moldean y nos dan forma. Pero como cualquier otra faceta de nuestra existencia, nuestra relación con el lugar se ha visto distorsionada por el pecado, y necesita redención.

La Biblia entera se puede leer como "una teología del lugar": el acto salvador de Dios para redimir esta crisis de lugar y para devolver a los seres humanos al hogar. Si buscamos este tema, podemos apreciarlo una y otra vez en el argumento bíblico.

- Dios promete bendecir a todo el mundo por medio de la familia de Abraham, y el centro de su plan lo ocupa un *espacio*. Con el tiempo, este lugar, la tierra de Canaán, se convertirá en un nuevo Edén, donde todas las naciones del mundo habitarán en paz y seguridad (ver Génesis 17).

- El profeta Isaías sueña con un futuro donde Dios habita con los humanos en un *lugar* donde las maldiciones de Génesis 3 se han invertido por completo. Usando una imagen impactante, Isaías dice que este será el lugar más importante del mundo, y que en aquel día los humanos "convertirán sus espadas en arados, y sus lanzas en hoces" (Isaías 2:2, 4).

- El relato bíblico alcanza su punto culminante en el libro de Apocalipsis, donde, junto a Dios, el personaje principal es un *lugar*. El apóstol Juan describe una hermosa ciudad que ha preparado el propio Dios. Los exiliados desplazados que han estado errando "al este del Edén" con solo una débil esperanza de poder habitar algún día en paz y seguridad, al final llegarán al hogar (ver Apocalipsis 21–22). Es la nueva Jerusalén, la nueva ciudad de paz, un lugar donde se restauran plenamente las cinco relaciones clave.

Hoy, como administradores fieles de la obra que Dios nos ha confiado, podemos empezar a abordar esta crisis de lugar al identificar las formas concretas de carencia de lugar que vemos a nuestro alrededor, en nuestros lugares de trabajo y donde vivimos. Por ejemplo, cuando miramos alrededor en nuestros barrios urbanos, vemos edificios con amplios espacios privados pero pocos espacios públicos. En el centro de nuestras ciudades la tendencia a la gentrificación está, literalmente, desplazando a los residentes, y la carencia de hogar también es un enorme problema de desplazamiento.

Otra forma que adopta la carencia de lugar propio se percibe en la empresa, donde la contratación de trabajadores externos significa a menudo que las personas que realizan el trabajo no viven en las comunidades a las que sirven. A veces las grandes corporaciones pueden ser impersonales, careciendo de carácter o de presencia local. La tecnología también ha contribuido a esta sensación de estar desplazados, dado que el trabajo a distancia sigue siendo la norma. Cada vez son más los proyectos laborales que se realizan "en la nube", que no es para nada un espacio real. La videoconferencia ha sustituido la reunión de personas en una sala para contactar e interactuar. Los medios sociales normalizan las relaciones desencarnadas que no existen en espacio concretos. La pandemia, claro está, contribuyó a todas estas tendencias.

Haz un buen trabajo en el lugar en el que Dios te haya puesto

Sin embargo, Dios quiere que nos realicemos donde estemos, en los lugares donde vivimos y trabajamos, en nuestras comunidades. Quizá uno de los mejores ejemplos de esto sea Jeremías 29:5-7, donde Dios instruye de la siguiente manera a los israelitas que han sido exiliados de sus hogares en Jerusalén y han sido enviados a Babilonia:

> Construid casas y habitadlas; plantad huertos y comed de su fruto. Casaos, y tened hijos e hijas; y casad a vuestros hijos e hijas, para que a su vez ellos os den nietos. Multiplicaos allá, y no disminuyáis. Además, buscad el bienestar de la ciudad adonde os he deportado, y pedid al Señor por ella, porque vuestro bienestar depende del bienestar de la ciudad.

El buen trabajo que Dios mandó que hicieran los exiliados de Israel no fue la evangelización; fue la ardua rutina diaria del trabajo: construir, plantar, cosechar, criar hijos, casarse. Ese trabajo era esencial para vivir, para multiplicarse en un lugar determinado que no era su hogar definitivo. Ellos suspiraban por Jerusalén.

De forma parecida, los seguidores modernos de Cristo están en el exilio, independientemente de dónde vivan, ya sea una nación, una ciudad, una calle o un lugar de trabajo. Y todos anhelamos la nueva Jerusalén. Pero gracias a Cristo, podemos hacer que el trabajo esencial de la vida cotidiana sea bueno si aportamos una señal y un preludio del cielo, esa ciudad final, al punto de la Tierra donde Dios nos haya puesto.

Esta crisis del lugar puede parecernos arrolladora, pero como seguidores de Jesús no debemos ser personas pasivas, sino llenas de esperanza. Cuando "trabajamos para la paz y la prosperidad" de las ciudades en que vivimos, sirviendo a otros de forma altruista, podemos encarnar esta teología del lugar y formar parte de la solución transformadora de Dios.

04

La realidad del trabajo y del llamamiento

"El sacerdocio de todos los creyentes" no convertía a todo el mundo en obrero de iglesia; más bien, convertía todo tipo de trabajo en un llamamiento sagrado.

— **Gene Edward Veith,** God At Work

El pecado ha herido profundamente nuestro mundo, más de lo que solemos admitir. La Caída, con su inmersión en la decadencia y la corrupción, afectó no solo a los seres humanos, sino también a los sistemas y las estructuras de nuestro mundo. Este es el motivo de que tantos entre nosotros experimentemos desencanto, fracaso o incluso un profundo padecimiento en nuestro trabajo. En lugar de tener sentido, como pretendió Dios, el trabajo mismo se ha visto retorcido y distorsionado, y a menudo nos parece un sinsentido inútil. Incluso a pesar de nuestros progresos científicos y tecnológicos, el quebrantamiento sigue plagando nuestro trabajo y levanta cabeza una y otra vez.

El trabajo en sí mismo se ha visto corrompido de diversas maneras:

- *Nuestro trabajo parece estéril.* Parece que no logramos conseguir lo que pensamos que deberíamos haber hecho con nuestras vidas.

- *Nuestro trabajo no se materializa como esperábamos.* Da igual cuánto lo intentemos, nos sentimos atorados o nos topamos con un obstáculo tras otro.

- *Nuestro trabajo parece inútil.* Nos alienamos de nuestro trabajo y perdemos de vista su propósito. Tanto si tenemos la vista fija en un ordenador como si servimos mesas o conducimos un camión de transporte, no tenemos ni idea de si lo que hacemos supone alguna diferencia.

- *Nuestro trabajo nos consume.* El trabajo nos consume de un modo perjudicial; desarrollamos un apetito impío por el éxito y el reconocimiento ajeno, incluso a costa de nuestras relaciones más importantes.

- *Nuestro trabajo es nuestro ídolo.* Convertimos nuestros éxitos en un dios y, lentamente (y a menudo sin darnos cuenta de ello), nos conformamos a la imagen distorsionada de lo que adoramos. Antes de ser conscientes, hemos confundido nuestro trabajo con nuestra identidad. Nuestro trabajo se convierte en la historia de nuestro propio éxito personal, y en un medio para servirnos a nosotros mismos, en lugar de ser un vehículo para servir a Dios, a nuestro prójimo y a la sociedad.

Esto pinta un cuadro bastante deplorable, porque nuestro trabajo está a medio camino entre los extremos de la futilidad, por un lado, y la idolatría por otro. Pero Dios no diseñó el trabajo para que fuese así, ni esta es la manera en que la Biblia describe el propósito del trabajo, a pesar del modo en que el pecado amenaza nuestros esfuerzos a través de la futilidad y de la frustración.

La Biblia describe el trabajo como la manera en que podemos vivir una historia nueva, que demuestra cómo las nuevas noticias del evangelio por medio de la obra de Jesucristo nos equipan con el coraje, la diligencia y la esperanza que hacen nuevas todas las cosas. Aunque en nuestro trabajo seguiremos sintiendo y experimentando el efecto de la rebelión constante de la humanidad con

Dios, el evangelio de cuatro partes (ver el capítulo 2) ofrece vías nuevas y esperanzadoras de pensar en cómo nuestro trabajo diario puede formar parte de la misión redentora de Dios en el mundo. Nuestro trabajo puede ser el canal para afrontar y, en última instancia, superar la infructuosidad, la inutilidad, el egocentrismo y la idolatría que plagan la cultura laboral a este lado del paraíso.

Cuando comenzamos a ver el trabajo (nuestra ocupación y nuestras responsabilidades) como una invitación a participar en la reconciliación divina de todo lo que está roto, empezamos a infundir en nuestras tareas cotidianas un sentido de propósito y de llamamiento.

Cuando el trabajo se encuentra con el quebrantamiento, hallamos un llamamiento

Una pregunta frecuente en nuestros días es "¿Cuál es mi llamamiento?". Hablamos mucho de que el trabajo es una expresión de la identidad que Dios nos ha dado, y esto da pie a la idea de que el trabajo debería tener un propósito y ser intencional. Las personas quieren saber que lo que hacen es importante para Dios, que están haciendo lo que Dios quiere que hagan.

Muchas personas, cristianas o no, han adoptado la palabra *llamamiento* o *vocación* para insuflar en su trabajo diario algo de sentido y de propósito. Pero en el mundo actual, el concepto de *vocación* a menudo adopta todo tipo de hipótesis culturales que, más o menos, equiparan *vocación* a "ocupación".

La etimología de *vocación* procede de las palabras latinas *vox* ("voz"), *vocare* ("llamar") y *vocatio* ("convocatoria"). Así, la idea de la vocación se inserta en variantes de *llamamiento*. Sencillamente, esto significa que, en gran medida, *vocación* y *llamamiento* son sinónimos. Eso nos lleva a la conclusión de que el concepto de vocación es mucho más grande y más relevante que un empleo particular.

Según la cosmovisión cristiana, el concepto de *llamamiento* admite que todo ser humano ha sido interpelado por alguien más allá de sí mismo, que le ha encargado una responsabilidad particular en el mundo. En la Biblia, Dios llama sistemáticamente a las personas para que acudan a relacionarse con él. Aquí *llamamiento* se usa de varias maneras. Puede referirse a la responsabilidad que tenemos todos como portadores de la imagen divina, o puede hablar del llamamiento divino universal a la salvación, proclamado a toda persona en todo tiempo y lugar. Más estrechamente, puede referirse a casos en los que Dios elige a individuos para una tarea o propósito único, como el llamamiento de Abram (ver Génesis 12) o la comisión de los primeros discípulos (ver Marcos 1:16-20). Pero en todos los casos, el llamamiento bíblico se refiere a la convocatoria divina de una persona (o un pueblo) con la expectativa de una respuesta.

En su libro *El llamamiento*, Os Guinness distingue entre llamamiento primario y secundario.[1] Todo creyente tiene un llamamiento primario como persona que pertenece a Dios. Como creyentes, recibimos el llamamiento de vivir con un estilo de vida que encaje con cierto tipo de identidad, a saber, la de aquellos que han sido santificados ("apartados") para los propósitos y para la presencia de Dios. De modo que nuestro llamamiento primario es vivir "de una manera digna del llamamiento que habéis recibido" (Efesios 4:1). Los creyentes son llamados a esta identidad *antes* de serlo a cualquier capacidad profesional específica.

El llamamiento es fundacionalmente relacional: Dios nos llama a la unión y a la comunión con Cristo. Este es nuestro llamamiento primario, y se aplica a todas las áreas de nuestras vidas, incluyendo nuestro trabajo y nuestra ocupación. No podemos olvidar que primariamente Dios nos llama a sí mismo.

Nuestro llamamiento secundario es único para cada uno de nosotros, lo cual conlleva un proceso de discernimiento y este lleva su tiempo. No siempre es fácil trasladar al mercado los principios bíblicos. Por ejemplo, hablamos de confiar a Dios nuestro trabajo. ¿Cómo nos ayuda eso cuando tenemos que elegir una facultad universitaria? ¿Cómo confiamos en Dios mientras filtramos las ofertas de trabajo *online*? ¿Cómo aplicamos los principios bíblicos al proceso de labrarnos una carrera profesional? ¿Cómo, siendo realistas, podemos combinar las verdades espirituales eternas con la aplicación en el mundo real?

Discernir y comprender nuestro llamamiento individual específico consiste en tener estas cosas en las manos como adoración a Dios y como servicio al mundo. Este llamamiento secundario adoptará un aspecto distinto para cada uno de nosotros, porque somos únicos y diferentes. Y las preguntas que se responden aquí son más del estilo "¿Quién soy?", "¿Cómo se espera que viva?" y "¿Por qué se supone que debo vivir?".

Muchas veces identificamos nuestro empleo con nuestro llamamiento, nuestra ocupación actual con nuestra vocación, y se nos exhorta a "hacer un trabajo que te guste". Pero, como mucho, esto es tendencioso; no todo el mundo tiene la capacidad personal y los recursos para hacer esa elección. En última instancia, "haz lo que te gusta" puede convertirse en un espejismo centrado en uno mismo: la búsqueda de un empleo que quizá no exista jamás. El concepto bíblico del llamamiento proporciona una satisfacción mucho más profunda, la de seguir a Dios en toda circunstancia, en todo lugar, sin que importe lo mucho que nos guste o nos disguste un trabajo particular.

Prácticas espirituales para discernir tu llamamiento

Entonces, ¿cómo puedes enfocar tu llamamiento para que incluya el trabajo? ¿Qué diferencia supone en tu vida laboral que lo hagas? Aquí hay tres disciplinas espirituales que pueden ayudarnos a discernir un llamamiento, teniendo siempre en cuenta que las prácticas espirituales ayudan a marcar el tono, pero no pueden tomar decisiones por nosotros.

Busca la soledad y el silencio. Esto consiste en estar callado y saber que Dios es Dios (ver Salmos 46). Conlleva liberarte del ruido de tu entorno… y también del ruido en tu propia mente. Esto se parece al *mindfulness* y a la meditación (tan populares hoy día), pero para los cristianos el objetivo no es vaciar el yo sino crear espacio para una atención centrada en Dios.

Práctica la lectura a fondo de la Escritura. Esto significa leer la Biblia en busca de algo más que información; es más bien la experiencia de situarte dentro del texto y reflexionar profundamente sobre el aspecto que tiene tu propia identidad a la luz de la obra de redención divina. Se puede describir como una lectura cuidadosa, meditativa, en la que profundizas en palabras y expresiones que te hablan de forma personal a intransferible.

Ora con una confianza apacible. Aquí admites tu dependencia total de Dios y te entregas a él. Pides a Dios que te ayude a someterte a su voluntad y te vuelves indiferente a cualquier cosa que no sea esta. Intentas adquirir sabiduría para tomar decisiones sobre tu vida.

Cuando tenemos un sentido de nuestros llamamientos, el primario y el secundario, nos alejamos del concepto de nuestra vocación como si esta fuera la elección personal y última de una carrera o de un trabajo particular, y la concebimos más como una exploración de todas las oportunidades que se nos abren, incluyendo el trabajo, para amar a Dios y amar bien a nuestro prójimo.

05

El trabajo en una sociedad politizada y polarizada

Todos vosotros sois hijos de la luz y del día.
No somos de la noche ni de la oscuridad. No
debemos, pues, dormirnos como los demás, sino
mantenernos alerta y en nuestro sano juicio.

1 Tesalonicenses 5:5-6

¿Qué significa en la práctica que los cristianos se relacionen con su cultura fiel y redentoramente en su trabajo cotidiano? Esta es una pregunta compleja. Nuestro clima político y cultural moderno ya está profundamente dividido y cada día se polariza más; la naturaleza misma del foro público está pasando de lo físico a lo virtual, y las normas culturales se transforman de forma dramática.

El pluralismo está en auge y entre nuestros vecinos cada vez son menos los que se identifican como "religiosos" en el sentido tradicional. Algunos cristianos sienten la tentación de responder a todo esto con temor y cinismo, mientras muchos otros se atrincheran en la pasividad, guardando silencio y sin hacer nada sobre los problemas actuales.

Ya no podemos dar por hecho que nuestra cultura es cristiana, ni siquiera en un sentido nominal. La investigación demográfica reciente demuestra que la cultura estadounidense cada vez se seculariza más. Por ejemplo, un número significativo de los encuestados tenía un concepto negativo del rol del cristianismo en la sociedad y una aplastante mayoría caracterizaba a los cristianos como personas que juzgan a otros. Un informe de Barna de 2007 afirmaba: "Entre los jóvenes no cristianos, nueve de las 12 opiniones más numerosas eran negativas. Entre las opiniones negativas frecuentes se cuentan las que dicen que el cristianismo moderno juzga siempre a otros (87 %), es hipócrita (85 %), está anticuado (78 %) y demasiado involucrado en la política (75 %)".[1]

Sin embargo, nuestra fe no nos llama a alejarnos del mundo, sino a acercarnos a él. ¿Cómo participamos activamente en nuestra vida en común con los demás ciudadanos que quizá no compartan nuestras creencias o nuestros valores?

Según el apóstol Pablo, a los cristianos se les ha confiado "el mensaje de la reconciliación", se les manda llevar paz donde hay discordia y resolver conflictos dondequiera que los encuentren. "Así que somos embajadores de Cristo", dice, "como si Dios os exhortara a vosotros por medio de nosotros: 'En nombre de Cristo os rogamos que os reconciliéis con Dios'" (2 Corintios 5:19-20).

No es un error que Pablo se refiera a los creyentes como personas con el cargo político de embajadores. Y para servir como diplomáticos eficientes al servicio de Cristo, lo que precisamos no es necesariamente un conjunto concreto de políticas (aunque los cristianos deben tener sus convicciones), sino la *sabiduría* para abordar preguntas complejas en el foro público, y las *virtudes* del coraje, la humildad y el respeto para vivir con fidelidad nuestra vida comunitaria.

Nuestro reto como cristianos es cultivar prácticas laborales fieles, como estas:

- Celebrar lo bueno y reformar lo malo,

- mantener una mentalidad y una forma de vivir distintivamente cristianas,

- buscar lo mejor para nuestro prójimo: compañeros de trabajo, clientes, jefes y vendedores,

- buscar puntos en común,

- ser agradables sin tener que excusarnos por nuestras convicciones y motivaciones, pero respetando las convicciones y las motivaciones de otros,

- exceder y sobrepasar creativamente las expectativas culturales de lo que significa ser cristiano.

Como ciudadanos, somos llamados a participar en el proceso político, pero nuestro voto no es la única manera de influir en el foro público. También lo hacemos al creer, declarar y encarnar el evangelio en nuestras vidas diarias, mientras nos unimos a nuestro prójimo incrédulo en la lucha contra la injusticia y el quebrantamiento en nuestros lugares de trabajo y en nuestras comunidades.

A caballo entre dos eras

Para los escritores del Nuevo Testamento, la vida cristiana transcurre en la intersección de dos eras: la era presente, gobernada por el pecado y las tinieblas, y la era venidera, que se ha inaugurado con la vida, la muerte y la resurrección de Jesucristo.[2] No es infrecuente que estos autores caractericen la primera era como tinieblas y la segunda como luz, como hace Pablo en 1 Tesalonicenses 5:5-6: "Todos vosotros sois hijos de la luz y del día. No somos de la noche ni de la oscuridad. No debemos, pues, dormirnos como los demás, sino mantenernos alerta y en nuestro sano juicio".

El problema es que los cristianos han recibido la misión de vivir como personas del día, incluso aunque las tinieblas de la noche siguen cerniéndose sobre toda empresa humana. Un hecho claro de la existencia humana es que se ve constreñida por situaciones imposibles donde resulta difícil discernir qué es lo correcto y lo cierto, y es incluso más difícil actuar basándose en esos juicios. Traduciendo este dilema a nuestro contexto estadounidense concreto, durante unas elecciones, independientemente de por quién votemos, estaremos respaldando algunos de nuestros valores pero traicionando otros; toda política resuelve un problema pero crea otro.

Entonces, ¿en qué punto nos deja esto? En cierto nivel, parece un panorama para desesperarse. Si todo esfuerzo humano está contaminado por el pecado y el egoísmo, y si todo político tiene sus propios planes, y si toda plataforma presenta dudas morales, y si todos los progresos humanos son, como mucho, parciales, ¿deberían los cristianos retirarse por completo del proceso político, intentar ser personas decentes e "ir tirando" lo mejor que sepan y puedan?

El realismo cristiano

Reinhold Niebuhr adoptó un enfoque distinto, que se ha etiquetado como *realismo cristiano*, *cristiano* porque afirma el auténtico potencial para la redención de sistemas y estructuras injustos de la historia, y *realismo* porque es inflexible sobre el poder del egoísmo para distorsionar y retorcer incluso nuestros actos más morales. La participación cristiana fiel no requiere necesariamente un conjunto particular de posturas políticas, sino más bien *la sabiduría y el coraje necesarios para vivir responsablemente* en un mundo ambiguo. Necesitamos ser proactivos y descubrir en qué áreas Dios está obrando ya para hacer nuevas todas las cosas: "La victoria final sobre el desorden humano es de Dios, no nuestra; pero somos responsables de las victorias intermedias", escribió Niebuhr en 1953. "No podemos renunciar a este hogar terrenal nuestro, ni afirmar que sus victorias y sus derrotas otorgan el sentido definitivo a nuestra existencia".[3]

Sobre este punto, Niebuhr recuerda muchísimo al apóstol Pedro. Y además es así adrede: el realismo cristiano es un intento de recuperar la teología política única del Nuevo Testamento. De esta manera lo expresa el apóstol Pedro:

> Someteos, por causa del Señor, a toda autoridad humana, ya sea al rey, como suprema autoridad, o a los gobernadores que él envía para castigar a los que hacen el mal y reconocer a los que hacen el bien. Porque esta es la voluntad de Dios: que, practicando el bien, hagáis callar la ignorancia de los insensatos. Eso es actuar como personas libres que no os valéis de vuestra libertad para disimular la maldad, sino que vivís como siervos de Dios. Dad a todos el debido respeto: amad a los hermanos, temed a Dios, respetad al rey. (1 Pedro 2:13-17)

El interés primario de Pedro es colocar la política en el lugar que le corresponde, al recordar a los santos dónde deben poner su fidelidad última. La clave del pasaje se halla justo al final: "temed a Dios, respetad al rey". Estas seis palabras son la esencia de una teología política reflexiva para nuestro momento cultural. En estas seis palabras, Pedro capta algo crítico sobre qué es y qué no es la política, y sobre lo que exige la política de nosotros y lo que no.

En nuestra era de ideología, las palabras de Pedro deberían escocernos un poco. Si de verdad somos "extranjeros y peregrinos" en este mundo (1 Pedro 2:11), deberíamos *sentirnos un poco fuera de lugar*, como si nuestros valores no encajasen bien con los de nuestra sociedad anfitriona. Si descubrimos que todo lo que creemos encaja a la perfección con una u otra plataforma política, podríamos preguntarnos si nuestra ideología es el motor de nuestra teología o si, como debería ser, nuestra teología es la que impulsa nuestra ideología. Si entendemos mal esto, quizá es que hemos olvidado dónde está realmente nuestro hogar.

La participación política en general (pero sobre todo la participación política cristiana) no es algo bien definido. No es una cuestión de marcar determinada casilla o de hacer que tu voto favorezca a un bando o a otro. Supone enfrentarse a problemas difíciles y ser conscientes de que ningún político, ningún candidato, ningún partido es un reflejo perfecto de la fe cristiana.

Sin embargo, al final debemos asumir el mundo tal como es, no como nos gustaría que fuese. Aunque somos residentes temporales, somos residentes. "Así que cuidad mucho vuestra manera de vivir. No viváis como necios, sino como sabios, aprovechando al máximo cada momento oportuno, porque los días son malos" (Efesios 5:15-16).

No hay soluciones fáciles. Pero, cuando reflexiones a fondo sobre tu rol como ciudadano cristiano en el siglo XXI, obtendrás una sabiduría más profunda para los días complicados que se avecinan, así como nuevas maneras de vivir eficazmente en la práctica el mandamiento de Cristo de amar a Dios y a tu prójimo.

Misioneros de lunes a sábado

Por lo tanto, mis queridos hermanos, manteneos firmes e inconmovibles, progresando siempre en la obra del Señor, conscientes de que vuestro trabajo en el Señor no es en vano.

1 Corintios 15:58

Cada domingo nos envían de vuelta al mundo para empezar una semana nueva. Pero, ¿para qué exactamente se envía a la Iglesia al mundo?[1]

Esta es una pregunta fundamental. Sabemos que nuestra motivación para el ministerio es el evangelio de Jesucristo, su muerte expiatoria por nuestros pecados y su resurrección para nuestra salvación. El regalo de la nueva vida en Cristo es la chispa que enciende el corazón de su pueblo universal.

Pero, ¿qué debemos *hacer* exactamente nosotros, la Iglesia? John Stott, creador del Pacto de Lausana, pastor durante medio siglo de All Souls Church en Londres y autor de superventas, percibía una unidad entre el servicio y el testimonio; consideraba que ambos son cruciales para la misión de la Iglesia. Ambos se encuentran en el meollo de por qué Dios envió al propio Jesús al mundo.

Los autores de *The Missional Church* [La Iglesia misional] están de acuerdo: "La misión propia de la Iglesia", escriben, "debe tomar como punto de referencia el modo en que la misión de Dios se desarrolló al enviar a Jesús al mundo para salvarlo". También identifican una estructura tripartita para la misión de la Iglesia: "Si nos fijamos en el modo en que Jesús cumplió la misión de Dios, descubrimos que la Iglesia debe representar el reinado de Dios como su comunidad, su siervo y su mensajero".[2]

En otras palabras, a la Iglesia se la envía:

1. A vivir bajo el reinado de Dios como comunidad distintiva del pacto.

2. A representar el reinado de Dios mediante sus actos, y a servir al mundo con la pasión de Dios.

3. A proclamar las buenas noticias de Jesucristo, invitando a todos a entrar en el reino por medio del sacrificio expiatorio de Cristo.

¿Y si resulta que lo que se nos envía cada domingo a hacer como Iglesia es el trabajo en que nos ocupamos diariamente? ¿Y si nuestro trabajo cotidiano es el entorno central donde la Iglesia (de lunes a domingo) encarna el evangelio en la vida diaria, da testimonio de la verdad de Cristo en las distintas facetas de la vida y sirve a las necesidades del mundo?

¿Qué cambiaría si el trabajo cotidiano de hombres y mujeres fuese el punto focal de cómo entienden todas las iglesias su misión para con la comunidad, en lugar de ser iniciativas dirigidas por la iglesia y realizadas por voluntarios? ¿Cómo transformaría esto la predicación de la Iglesia, su enseñanza y su programación?

Elton Trueblood, el gran teólogo del siglo XX, dijo en un libro poco conocido, *The Common Ventures of Life* [Las pequeñas aventuras de la vida]: "Una Iglesia que pretenda levantar a nuestra civilización tambaleante predicará el principio de la vocación a tiempo y fuera de tiempo. El mensaje dice que el mundo es uno solo, tanto secular como sagrado, y que la manera principal de servir al Señor es mediante nuestro trabajo cotidiano".[3]

Y el misionero, apologista y teólogo Lesslie Newbigin dijo algo parecido:

> Es preciso que en toda congregación creemos, sobre todo, posibilidades para que personas laicas compartan unas con otras la experiencia real de su trabajo semanal, y busquen iluminación en el evangelio para sus deberes seculares cotidianos. Solo entonces empezaremos a amalgamar lo que nuestra cultura ha dividido: lo público y lo privado. Solo así cumplirá la Iglesia el papel misionero que le corresponde.[4]

Dentro de nuestra cultura occidental moderna, que se ha convertido en una sociedad pluralista dominada en el ámbito público por una cosmovisión secular del mundo, el trabajo es el contexto donde la Iglesia da testimonio de Cristo como Señor sobre toda la vida. La única alternativa es atrincherarse en la esfera privada sin ningún mensaje de esperanza para la vida pública del mundo.

Pero en muchísimas iglesias escuchamos hablar de numerosos ministerios dirigidos a niños, adolescentes, matrimonios jóvenes, hombres, mujeres y personas solteras. No hay carestía de "actividades misioneras", que en la mayoría de los casos exigen un voluntariado. *Pero, ¿dónde está el trabajo?*

¿Dónde están los esfuerzos por dar testimonio de Cristo y hacer que su reino presente y futuro sea visible en las salas de juntas empresariales, las escuelas públicas o los hospitales? ¿Dónde está la preparación que necesitan los santos para realizar profundos actos de amor y de servicio en los empleos manuales, las fábricas, la industria de servicios o la contabilidad? ¿Acaso no son todas estas oportunidades para servir? ¿No es donde pasamos nuestras semanas, y nuestras vidas, todos aquellos que escuchamos los sermones semanales?

No dejemos el voluntariado. *Necesitamos* voluntarios; *necesitamos* oenegés. La sociedad se desmorona sin esas personas que se meten en la brecha para atender a los pobres, de forma voluntaria. Pero, ¿es que la creación de empleo en los negocios no es crucial también para el desarrollo económico? La protección y el servicio a aquellos que lo necesitan dependen de cómo hacemos nuestro trabajo, tanto si es el de oficial de policía como el de abogada o empresario.

Para marcar una diferencia auténtica en nuestra cultura presente, necesitamos, como sugiere Robert Bellah en su libro *Habits of the Heart* [Los hábitos del corazón], recuperar "el concepto del trabajo como una contribución al bien de todos, no un mero instrumento para el progreso individual".[5] Esto significa que nuestras tareas cotidianas, por pequeñas que sean, cuando se realizan como respuesta al llamamiento de Dios, tienen importancia desde la perspectiva eterna. Esta es la promesa de la fe cristiana.

La escritora de novela negra, poeta y dramaturga inglesa Dorothy L. Sayers reflexionó mucho sobre el tema del trabajo y la vocación. "El trabajo", dijo, "no es primariamente algo que uno hace para vivir, sino aquello que uno vive para hacer". Prosiguió diciendo que el trabajo "debería ser la expresión plena de las facultades del trabajador, aquello en lo que encuentra satisfacción espiritual, mental y física, y el medio en el que se ofrece a sí mismo a Dios".[6]

Sayers creía que nuestra actitud hacia el trabajo necesitaba "una revolución concienzuda":

> No debería considerarse una ardua rutina necesaria que hay que soportar con miras a ganar un sueldo, sino como una forma de vivir en la que la naturaleza humana halle su ejercicio idóneo y su deleite, realizándose así para la gloria de Dios. Debería considerarse, en realidad, una actividad creativa realizada por amor al propio trabajo; y el hombre, como imagen de Dios, debería hacer cosas,

como Dios las hace, por amor a realizar bien algo que merece la pena llevar a cabo.[7]

El reto para la Iglesia del siglo XXI será comprobar si nuestra visión de la misión incluye el mundo del trabajo o lo pasa por alto en su predicación, su enseñanza y su programación.

Este es el desafío para la Iglesia dentro de una sociedad poscristiana. Y este es el llamamiento del corazón de Dios, que ha enviado a su comunidad del pacto al mundo para que sea fiel en su vida, su testimonio y su servicio.

El descanso del (y en el) trabajo

Durante siglos hemos predicado a personas ajetreadas: tus carreras diarias no tienen sentido, pero las aceptas, y en el mundo venidero se te recompensará con el descanso eterno. Pero Dios nos reveló y nos frece Vida eterna, no descanso eterno. Y Dios reveló esta Vida en medio del tiempo (y de su ajetreo) como su sentido y su objetivo secretos.

— *Alexander Schmemann*, For the Life of the World

Ahora que llegamos al último capítulo, tenemos la esperanza de haber estimulado tu mente y tu corazón para que tengas una visión renovada del trabajo diario. El trabajo no es solo un área importante de la vida para vivirla con fidelidad a Cristo, sino que también es esencial para su obra redentora en el mundo. No es algo que podamos compartimentar, ni algo que podamos relegar a la línea de banda del ministerio.

En una sociedad sumida en la ansiedad, este capítulo aspira a darte una visión renovada del descanso. La búsqueda del esquivo equilibrio vital es un punto de tensión constante en las elecciones individuales de una profesión y también entre empleadores y empleados. En busca del equilibrio perfecto, los empleadores cada vez ofrecen un mayor respaldo en forma de agendas más flexibles, posibilidades de trabajo a distancia, beneficios para la salud y la nutrición, opciones para el cuidado de niños y recursos para conservar la buena salud mental. Estos esfuerzos son loables, dado que resultan especialmente útiles para trabajadores marginados.[1] El aumento de estas posibilidades apunta a la admisión de que los trabajadores necesitan un apoyo en su trabajo para que desarrollen una vida saludable. También señala que el trabajo es un amo con quien tenemos que negociar para sentirnos descansados.

Una visión renovada del reposo es un complemento necesario para una visión renovada del trabajo. Pero añadir nuestra vida laboral a la lista de cosas que Cristo nos demanda puede parecer agotador, quizá incluso imposible. No parece inducir al reposo. Sin embargo, no es de extrañar que Jesús tenga una visión más grande y restaurada de nuestro trabajo. Su nueva visión para el trabajo incluye también una para el descanso.

Tenemos que replantearnos cómo el diseño divino del trabajo y del reposo sustenta y restaura nuestro trabajo y toda nuestra vida.

Jesús nos ofrece una invitación para el reposo: "venid a mí todos vosotros… y yo os daré descanso". Su yugo es fácil y su carga es ligera (Mateo 11:28-30). En otras palabras, no es el tipo de jefe que castiga a los empleados que dependen de su provisión cuando estos no satisfacen las exigencias del trabajo. No es el tipo de jefe que exige trabajos imposibles y ofrece pocos recursos para realizarlos.

No, ha extendido una invitación a la humanidad para que se una a él en su obra creativa y redentora. Es su obra la que *él* completará; no depende de nosotros para concluirla. Nosotros dependemos de él. Esta verdad nos otorga libertad. Como dicen el pastor Timothy Keller y Katherine Leary Alsdorf en su libro *Toda buena obra*, los cristianos tienen "una identidad y un significado desligados de su trabajo o su estatus económico".[2]

Llegar a vivir en esta realidad significa comprender y vivir en el reposo que Dios ofrece. El descanso en Cristo es nuestra realidad primaria, más esencial. No hay que esforzarse por demostrar dignidad o valor, ni correr de aquí para allá para mantener un estilo de vida, ni salvarnos del desespero, y no existe el concepto del trabajo como algo que sirve para sentirnos realizados en y por nosotros mismos. El descanso en Cristo es la verdadera libertad, la libertad de un yugo que es duro y de una carga que es pesada.

El reposo como práctica

El concepto que tiene la Escritura acerca del trabajo y del descanso se basa en la idea del día de reposo. Aunque quizá el día de reposo no es una idea muy popular en la cultura actual, entenderlo es crucial para comprender por qué y cómo hallamos reposo *en* el trabajo y *del* trabajo. Al final de Génesis 1 y el principio de Génesis 2 se enfatiza enfáticamente que Dios descansó de su trabajo.

> Dios miró todo lo que había hecho, y consideró que era muy bueno. Y vino la noche, y llegó la mañana: ese fue el sexto día. (Génesis 1:31)

> Así quedaron terminados los cielos y la tierra, y todo lo que hay en ellos. Al llegar el séptimo día, Dios descansó porque había terminado la obra que había emprendido. Dios bendijo el séptimo día, y lo santificó, porque en ese día descansó de toda su obra creadora. (Génesis 2:1-3)

El texto es repetitivo e insistente para el lector: Dios acabó su obra y entonces descansó. El *Theology of Work Commentary* [Comentario sobre la teología del trabajo] dice lo siguiente: "La polaridad que ahora subyace en el día de reposo es *trabajo y descanso*".[3] Cuando Moisés da los Diez Mandamientos en Éxodo, el cuarto sigue el patrón de este estribillo de Génesis. Típicamente, hoy los cristianos piensan que el mandamiento del día de reposo garantiza que un día de la semana se aparta para el descanso. Pero, como señala el *Theology of Work Commentary*, "en el cuarto mandamiento se incluye tanto el trabajo como el reposo. Los seis días de trabajo forman tanta parte del mandamiento como el día de descanso".[4]

El descanso que Dios diseña para la humanidad, y que luego manda practicar a Israel, requiere primero un trabajo que sea bueno y fructífero. Es el mandamiento de trabajar y descansar. El trabajo fructífero es motivo de deleite, y se celebra y reconoce en el séptimo día. El reposo de Dios tras su trabajo y el gozo que este le produce van de la mano. Por lo tanto, como cristianos, practicar el día de reposo no supone solo una ruptura del trabajo. Supone disfrutar activamente del *fruto* del trabajo que Dios nos ha encomendado, deleitándonos en él (Efesios 2:10), que hemos realizado en su servicio y también para otros.

El verdadero descanso está vinculado directamente con nuestra autocomprensión como personas que están en Cristo y trabajan para cumplir sus propósitos. Ni en el trabajo ni en el reposo, ni en la adicción al trabajo ni en el trabajo excesivo, ni en el ocio y la diversión, debemos esperar hallar quiénes somos y cuál es nuestro propósito. Las ideas actuales sobre el reposo "pueden conducir menos al cumplimiento y al descanso gozoso para el que fuimos creados y más al pecado de la acedía [indiferencia]", que a su vez "te expone a dejar que todos los demás pecados sean estímulos para tu trabajo. Coloca en el centro de tu vida al yo cínico".[5]

Trabajar demasiado y no trabajar en absoluto o sin verdadero interés son cosas que pasan cuando no vivimos conforme al patrón de trabajo y reposo que Dios diseñó para nosotros. Andy Crouch manifiesta el verdadero valor del día de reposo para el trabajo y el descanso cuando dice que "igual que la cesación del trabajo es un incentivo para hacer que el trabajo en otros días esté más centrado y sea más fiel, la promesa de la festividad semanal del día de reposo (no unas vacaciones lejanas sino cada seis días) nos reorienta hacia la verdad sobre Dios y sobre el mundo muy bueno que Dios creó".[6]

La intención divina para el trabajo y el descanso no es un enfoque equilibrado entre el trabajo y la vida. Este equilibrio coloca el trabajo en oposición a la vida y viceversa, con limitaciones para que el trabajo acapare toda la atención. Es como si el trabajo fuese el mal necesario que nos arrebata nuestra libertad individual. La reacción a las demandas cada vez más fuertes del mercado laboral es correcta en el sentido de que reconoce que el trabajo debe tener unos límites. Pero gracias a la sabiduría de Dios, lo limitador consiste en entrar en su reposo. Cuando entramos en este reposo (el mismo que él disfruta porque su trabajo fue muy bueno), el trabajo ocupa el lugar correcto de nuestras vidas.

La práctica del día de reposo significa descansar un día y trabajar seis. Trabajar seis días no es tarea pequeña: significa que el trabajo es bueno y algo innato a la identidad humana. No es necesario que los seis días sean de trabajo remunerado, y el día de reposo no tiene por qué suspenderse todo trabajo, porque la sociedad y los individuos gastan energías constantemente para vivir. Significa que existe un patrón y un ritmo integrados en la humanidad, y debe llevarnos a reconocer el descanso no solo como una cesación del trabajo que Dios nos ha dado para hacer, sino también como un disfrute activo del mismo.

El reposo como estado existencial

La práctica del día de reposo es contracultural, contraintuitiva y contraproductiva. Como dicen Tim Keller y Katherine Leary Alsdorf, la práctica del día de reposo es una celebración de nuestro diseño, una declaración de nuestra libertad y un acto de confianza.[7] Señala a una realidad última que un día será cierta.

Puede que sea útil repasar un poco de trasfondo sobre el día de reposo. Cristo resucitó de los muertos el primer día después del día de reposo judío. Alexander Schmemann comenta que el día de reposo "no fue destinado a ser un 'día santo' opuesto a los profanos, la conmemoración en el tiempo de un suceso pasado. Su verdadero significado radicaba en la transformación del tiempo".[8] R. Paul Stevens, un destacado teólogo sobre la fe y el trabajo, entiende "el día de reposo (el descanso triple de Dios, la humanidad y la Creación) como el objetivo de la historia de la salvación".[9] Además del mandamiento de guardar el día de reposo, este también señala al reposo como un estado en el que nos hallamos disponibles para la humanidad en Cristo ahora y para siempre.

Sin embargo, esto no significa que el cielo consistirá solo en descanso y será una especie de siesta eterna, o que la mayor realidad humana sea el reposo entendido como cierto tipo de ocio y de entretenimiento personal en el mundo. Crouch dice: "El ocio tiene recompensas radicalmente menguantes, sobre todo cuando no existe ante nosotros un trabajo con sentido al que podamos aplicar las ideas y la energía obtenidas durante nuestro año de reposo. Los portadores de la imagen no están destinados a tomarse unas vacaciones permanentes de la responsabilidad y de la creatividad".[10]

Según Apocalipsis 21, la visión bíblica del cielo es una ciudad que desciende al mundo. Las ciudades requieren trabajo. El cielo tendrá trabajo para nosotros. Será un trabajo como Dios quiso que fuera: fructífero, satisfactorio y ameno. Sin embargo, habrá un estado de reposo, un descanso sin prisas, sin ansiedad, ese tipo de descanso que llega cuando uno es totalmente libre, totalmente conocido y totalmente vivo.

Ese reposo también está disponible hoy.

En Cristo, el pueblo de Dios puede trabajar día a día, hora tras hora, en un estado de reposo, en su identidad como pueblo de Dios. Sus miembros trabajan para servirle y para servir a otros, confiándole los resultados. Es una verdadera puesta por obra del altruismo, en lugar de serlo del egoísmo. "Has sido adoptado en la familia de Dios, de modo que ya cuentas con tu afirmación. Estás justificado a los ojos de Dios, de manera que no tienes nada que demostrar. Has sido salvo por medio de un sacrificio de muerte, así que eres libre para ser un sacrificio vivo. Eres objeto de un amor incesante, de modo que puedes trabajar incansablemente como respuesta a una plenitud interna y apacible", escriben Keller y Alsdorf.[11]

Este es el mensaje que pretende transmitir el escritor de Hebreos en su interpretación de Salmos 95 en Hebreos 3–4. En su comentario de Hebreos, F. F. Bruce dice: "A este descanso que está reservado para el pueblo de Dios se le llama idóneamente 'reposo sabático'…, porque es la participación de sus miembros en el descanso del propio Dios".[12] Hebreos advierte a quienes primero pusieron su esperanza en Cristo que permanezcan firmes en su fe, porque podrían ser como Israel cuando fue libertado de la esclavitud. Empezaron bien, pero no permanecieron fieles al Dios que los había liberado, y aquella generación no entró en la tierra de Canaán. "No se apropiaron por fe de las buenas noticias cuando las oyeron", dice Bruce.[13] El autor de Hebreos nos exhorta, en nuestra calidad de pueblo de Dios moderno, a que entremos en el reposo de Dios; este está abierto y es accesible.

Acceder a este descanso requiere *fe* en Cristo, aquel que entró en el reposo de Dios en nuestro nombre y lo hace posible para nosotros. Y requiere *fidelidad* para trabajar y vivir conforme a la buena obra que quiso que hiciéramos desde antes de la fundación del mundo (Efesios 2:10).

Esto significa que debemos aprender a confiar a Dios nuestro trabajo y nuestras prácticas de reposo. Crouch nos recuerda que: "El Dios Creador no es un ídolo que exige un trabajo incesante mientras muestra tentador la promesa de un descanso eventual; es un Dios abundante capaz de proporcionar todo lo que necesitamos para ser fieles a su patrón cósmico de trabajo y reposo".[14] El reposo alimenta nuestra confianza en la provisión de Dios y permite descansar a quienes trabajan con nosotros o bajo nuestra autoridad, de modo que tengan la oportunidad de apreciar la provisión de Dios.

Y Schmemann nos exhorta diciendo: "La vida que resplandeció desde la tumba trascendió las limitaciones ineludibles del... tiempo que conduce a la muerte".[15] La muerte fue derrotada.

Cuando trabajamos con Dios y para otros en la rutina diaria, practicando los ritmos de trabajo y descanso, trabajamos y vivimos en el tiempo que conduce a la vida verdadera.

Epílogo
Un marco para el cambio

Esperamos que los capítulos anteriores te hayan proporcionado un punto de partida a la hora de reflexionar sobre el significado y el propósito que tiene el trabajo en tu vida. Nos gustaría exponerte el marco que hemos usado para guiar todo nuestro trabajo en el Denver Institute for Faith & Work. Creemos que estos cinco principios guía ofrecen una imagen de lo que significa ser un trabajador redentor, de lo que supone integrar la fe con nuestro trabajo cotidiano. Esperamos que te resulten útiles a medida que vayas reflexionando sobre las maneras en que tu propio trabajo está destinado a participar en la redención y en la restauración divinas de todos los aspectos de su Creación.

La Biblia nos ofrece una imagen hermosa de la amplitud de la redención que sana tanto nuestros corazones como la sociedad. El evangelio sana nuestra relación con Dios, con nosotros mismos, con otros y con la propia cultura. Dios renueva todas las cosas, y somos llamados a formar parte de esa misión. Para cumplirla es necesaria una visión que guíe nuestro pensamiento y nuestros actos de tal manera que vivamos vidas plenamente integradas, en las que nuestro mundo privado se cruza perfectamente con nuestro mundo público, y nuestra fe influye profundamente no solo en cómo hacemos nuestro trabajo sino también en nuestra manera de desarrollar productos y servicios. Esto no es una colección de frases bonitas; son principios bíblicos que se convierten en el fundamento para el trabajo duro que supone vivir nuestra fe en nuestras ocupaciones diarias.

Un marco de cinco partes

El siguiente marco dividido en cinco partes está pensado para influir en hombres y en mujeres para que introduzcan cambios sistémicos a largo plazo que encajen con la misión reconciliadora de Dios por medio de su trabajo, y hacerlo además como personas enraizadas en Cristo.

Busca la salud espiritual profunda. Al aceptar el llamamiento de Cristo "ven y sígueme" en nuestro trabajo, escuchamos activamente al Espíritu Santo, practicamos las disciplinas espirituales, confesamos regularmente nuestros pecados y nos sometemos a la soberanía de Dios.[1]

Cada día experimentamos un aluvión de emociones distintas. Temor, ira, alegría, sorpresa, disgusto y euforia son solo algunas de las emociones que podemos experimentar a lo largo de un solo día. Nuestra salud emocional y espiritual son aspectos profundamente entremezclados, pero aun así a menudo no les dedicamos un tiempo regular y reiterado, o no hacemos el esfuerzo para invertir en ellas. En consecuencia, muchos de nosotros somos presa de la desconexión, la adicción, la distracción y las enfermedades mentales.

Pero mediante la escucha activa de la guía del Espíritu Santo y la práctica de disciplinas espirituales, podemos afrontar nuestras vidas honestamente, sin negar la realidad. Podemos empezar a captar más claramente la presencia de Dios en los ritmos de nuestro trabajo diario, lo cual creará un entorno de salud emocional y espiritual donde nuestros corazones puedan experimentar una paz profunda.

Piensa teológicamente. Al aceptar el llamamiento a ser administradores fieles de los misterios de Cristo, podemos expresar cómo la Escritura, la Iglesia histórica y el evangelio de gracia influyen en nuestro trabajo.

En nuestra cultura moderna existen incontables narrativas que impulsan nuestro trabajo: los "-ismos" (humanismo secular, materialismo, panteísmo, consumismo), el estímulo del éxito (posición social, poder, dinero) y los 300 millones o más religiones que los estadounidenses llamamos, simplemente, "yo".

Sin embargo, existe una narrativa que se impone constantemente a todo ese ruido: la historia cristiana. Puede ser evidente, pero el primer paso para integrar la fe y el trabajo es preguntarse intencionadamente cómo la Escritura, la Iglesia histórica y el evangelio de gracia influyen en nuestro trabajo. Esto abarca todo, desde nuestra motivación para trabajar hasta nuestras relaciones con otros; los empleos y proyectos que elegimos; la manera en que desarrollamos nuestras carreras, y la influencia que tenemos en nuestras organizaciones, comunidades y ramo laboral. Sin esto, no tenemos literalmente ninguna manera de comprendernos a nosotros mismos, nuestro mundo o nuestra cultura.

Entonces, ¿cómo podemos estar seguros de que *pensamos teológicamente*? Una respuesta sencilla es que nuestras palabras transmiten una conexión real y evidente entre nuestros pensamientos y nuestros actos. La pregunta que hemos de formularnos es: ¿qué parte de la historia redentora de Dios (desde Abraham y el llamamiento a Israel hasta Cristo y la Iglesia en Hechos) debería influir en esta decisión, justo aquí y justo ahora? ¿Cómo podría expresarla e implementarla teniendo en cuenta los problemas que se me plantean hoy?

Cuando pensamos teológicamente, siendo conscientes de la amplitud del evangelio para toda la vida, nuestra teología pasará de la esfera meramente privada a la más amplia y pública, en testimonio y en servicio.

Potencia las relaciones. Cuando aceptamos la doctrina de la encarnación, aspiramos a encarnar el amor por y hacia nuestros compañeros de trabajo, y a construir redes tremendamente activas y relaciones a largo plazo entre iguales en todos los sectores.

A Dios le interesan profundamente las relaciones. Entre todas las religiones mundiales, el Dios cristiano es el único que es una relación en sí mismo (Padre, Hijo y Espíritu). La reconciliación de las relaciones rotas es una prioridad tan grande que Dios se hizo hombre en Cristo Jesús para que pudiéramos ser incluidos en el amor entregado de la Trinidad. La Biblia describe el infierno como el sufrimiento de la soledad absoluta ("las tinieblas de afuera"), y el cielo como una gran fiesta ("la cena de las bodas del Cordero"). Fuimos hechos para vivir en una relación de amor, con Dios y unos con otros.

Si esto es cierto, el evangelio *debe* influir en nuestras relaciones con clientes, compañeros de trabajo, vendedores, jefes, pacientes, alumnos y todas las demás personas. Entonces, ¿cómo desarrollar relaciones redentoras con aquellos con quienes trabajamos?

Cuando no se practican las relaciones redentoras, no hay amor y, por lo tanto, no hay testimonio. Pero cuando construimos relaciones con otros, admitiendo que también ellos son hechos a imagen de Dios, edificamos amplias redes profesionales y conexiones saludables fundamentadas en la comunidad. Esto significa que otorgamos un gran valor a las conversaciones cara a cara (y no meramente virtuales), a las redes activas (mantenerse en contacto frecuente con las personas a las que conocemos) y a las relaciones a largo plazo (desarrollar amistades sinceras).

Crea un buen trabajo. Al aceptar la propia creación de Dios y la esperanza de la resurrección, valoramos actividades que conducen a acciones llenas del Espíritu y a proyectos nuevos y renovados que sirven como señal y como preludio del reino venidero de Dios. Siguiendo la parábola de los talentos, valoramos actos destinados a generar resultados mensurables.

Crea un buen trabajo: esta frase se ha elegido reflexiva e intencionadamente porque nos llama a recordar que ser humano significa trabajar, y el primer trabajo fue el de la Creación en Génesis 1. Dios creó y dijo "es bueno". Toda la Creación, desde las estrellas rutilantes hasta los lirios florecidos, refleja la belleza de Dios y cumple el propósito para el que fue destinada.

Si esto es cierto de Dios y de su trabajo, ¿podría realmente llamarse "bueno" el trabajo que hacemos? ¿Cumple el propósito para el que Dios nos ha llamado, o simplemente hacemos cosas para ir tirando?

La Escritura nos dice que a todos se nos han confiado talentos: habilidades, dones, redes, ideas, relaciones, conocimiento... y que somos responsables ante Dios por lo que hagamos con ellos. Él espera que convirtamos nuestros dos talentos en cuatro, o nuestras cinco monedas en diez. La parábola de los talentos indica que Dios espera *resultados mensurables* de aquello que nos ha confiado; no espera que simplemente vayamos haciendo y punto.

Entonces, la pregunta es: ¿qué proyectos emprenderé hoy de modo que al final del día pueda decir "Es bueno"? ¿Se unirán otros a mí y dirán, hablando de ese plan lectivo, ese diseño de una gasolinera o ese plato de comida: "Ciertamente, es bueno"? Aquí es donde nuestro trabajo empieza a parecerse al del propio Dios.

Sirve a otros sacrificialmente. Cuando aceptamos el llamamiento al discipulado costoso, valoramos un alto grado de compromiso, los actos de servicio sacrificial y el valeroso testimonio público en todos los roles que adoptemos.

Cuando aceptamos el llamamiento a la justicia, valoramos los actos y las actividades que sirven a las necesidades de los pobres y de los marginados que hay en nuestro trabajo y en nuestras comunidades.

Al aceptar el llamamiento para ser el cuerpo de Cristo para la vida del mundo, valoramos oportunidades para abordar nuestros problemas contemporáneos más urgentes, y para adoptar una perspectiva amplia, interdisciplinaria, para resolver cuestiones complejas.

Es posible que dentro de la cultura empresarial estadounidense no haya una expresión más frecuente que "servicio de atención al cliente". Pero, ¿servir a otros *sacrificialmente*? En el centro de la fe cristiana está Jesucristo, quien sacrificó su vida en la cruz para que otros pudieran tener vida eterna. ¿Estamos dispuestos a sacrificarnos por los intereses de compañeros de trabajo, jefes, clientes, inversores y vendedores?

Ser cristianos en una sociedad pluralista acabará costándonos algo. Seguramente será doloroso; puede que incluso nos haga sentir que morimos. Pero al servir a otros sacrificialmente, servimos a Dios, al prójimo y a la sociedad, honrando sus mandamientos de amarle y amar a otros. ¿Podemos expresar un testimonio público valeroso mientras buscamos siempre el servicio sacrificial para el bienestar de otros? ¿Podemos conferir un valor especial a las necesidades de los pobres y los marginados en nuestras comunidades? ¿Podemos ser personas que hacen grandes compromisos cuando todo el mundo los elude, incluso cuando hacerlos nos suponga un alto precio?

En una cultura donde cambiar el mundo se ha convertido en una de las aspiraciones más frecuentes de los graduados universitarios, es preciso que escuchemos historias sobre el servicio humilde, el buen trabajo y las relaciones redentoras, todo dentro del contexto de una historia que no comenzamos nosotros y que tampoco acabaremos. Somos pequeños. Dios es grande.

Habiendo dicho esto, el cuerpo de Cristo no debe alejarse de los grandes desafíos de nuestros tiempos. Nosotros, que creamos los primeros hospitales a finales del Imperio romano; los que fundamos las primeras universidades en el siglo XII; los que compusimos sonatas, organizamos sistemas económicos basados en la virtud, y quienes a lo largo de la historia han defendido el valor de *todos* los hombres y las mujeres como seres hechos a imagen de Dios, ¿quiénes somos para echarnos atrás cuando vemos la gran necesidad que tiene hoy nuestro prójimo? Ha habido incontables personas que durante la historia hicieron *tanto* grandes sacrificios *como* actos realmente heroicos. Nosotros podemos y debemos hacer lo mismo hoy.

Entonces, ¿qué problemas contemporáneos acuciantes en tu organización, comunidad o profesión pueden resolverse mediante el servicio sacrificial? ¿A qué personas estás reuniendo, procedentes de diversas disciplinas, para resolver estos problemas? Como dijo una vez William Carey, ¿cómo "intentarás hacer grandes cosas para Dios [y] esperarás grandes cosas de él"? El cuerpo de Cristo se ha entregado como regalo para la vida del mundo. Tú y yo no somos más que pequeñas células en el cuerpo de Cristo, pero podemos reunirnos, aprender, actuar, y podemos ser portadores de una redención mucho mayor que cualquiera de nosotros individualmente.

Teniendo en cuenta que nuestro tiempo es corto, centremos nuestros esfuerzos en las mayores necesidades y en los males conocidos de nuestra época. Quizá entonces nuestro trabajo, humildemente pero con esperanza, pueda apuntar a la redención de todas las cosas en la Jerusalén celestial, y al árbol de la vida, cuyas hojas "son para la salud de las naciones" (Apocalipsis 22:2).

Jeff Haanen y Ross Chapman

Agradecimientos

Este libro cobró forma y se redactó gracias al trabajo del Denver Institute for Faith & Work, y el personal tanto pasado como presente de ese centro hizo contribuciones destacadas e importantes para este material. Estamos especialmente agradecidos a Jeff Haanen, Joanna Meyer, Brian Gray, Dustin Moody, Abby Worland y Cliff Johnson, que han sido contribuyentes clave.

Notas

Introducción

1. Christopher Buchanan, "Chick-fil-A Comes Out on Top of Customer Service Ranking—for the 8th Year", News19, Atlanta, 2 de julio de 2022, www.wltx.com/article/life/food/chickfila-top-customer-service-ranking-8th-year/101-a365663e-1a6d-4891-ad08-0b01a5a8f02a.

2. Dorothy L. Sayers, "Why Work?", en *Letters to a Diminished Church: Passionate Arguments for the Relevance of Christian Doctrine* (W Publishing Group, 2004), 131.

Capítulo 1 - La importancia del trabajo

1. Papa Francisco, *Fratelli Tutti (On Fraternity and Social Friendship)*, (Libreria Editrice Vaticana), 162, www.vatican.va/content/francesco/en/encyclicals/documents/papa-francesco_20201003_enciclica-fratelli-tutti.html.

2. Max Weber, *The Sociology of Religion* [*Sociología de la religión*] (Beacon Press, 1993), 270.

3. Greg Ayers, "New Research Shows More Pastors Are Preaching about Faith and Work. How Are People in the Pews Being Impacted by This Change?", 4 de marzo de 2015, Institute for Faith, Work & Economics, https://tifwe.org/more-pastors-are-preaching-about-faith-and-work/.

4. A. W. Tozer, *The Pursuit of God: The Human Thirst for the Divine* (1948; reimpr., Moody Publishers, 2015), 56.

5. Lesslie Newbigin, *Truth to Tell: The Gospel as Public Truth* (Eerdmans, 1991), 2.

6. Esta sección está ligeramente adaptada de "Servant & Witness: John Stott and the DIFW Mission", https://denverinstitute.org/servant-witness-john-stott-and-the-difw-mission/, ©Denver Institute for Faith & Work, y se ha usado con permiso.

7. John Stott, *Christian Mission in the Modern World* [*La misión cristiana en el mundo moderno*] (IVP Academic, 1975), 31-32.

Capítulo 3 – Creados y situados por Dios para el trabajo bien hecho

1. Helmut Thielicke, *Being Human… Becoming Human: An Essay in Christian Anthropology* (Doubleday Books, 1984), 46.

Capítulo 4 – La realidad del trabajo y del llamamiento

1. Os Guinness, *El llamamiento* (Andamio Editorial, 2017), 69.

Capítulo 5 – El trabajo en una sociedad politizada y polarizada

1. Barna, "A New Generation Expresses its Skepticism and Frustration with Christianity", Research Releases in Millennials & Generations, 21 de septiembre de 2007, www.barna.com/research/a-new-generation -expresses-its-skepticism-and-frustration-with-christianity/.

2. Parte del contenido de esta sección es ©Denver Institute for Faith & Work, y se ha usado con permiso.

3. Reinhold Niebuhr, *Christian Realism and Political Problems* (Scribner, 1953), 116.

Capítulo 6 – Misioneros de lunes a sábado

1. Parte del contenido de este capítulo se extrajo de "Why Work Is at the Heart of God's Mission", https://denverinstitute.org/why-work-is-at-the-heart-of-gods-mission/, ©Denver Institute for Faith & Work y se ha usado con permiso.

2. Darrell L. Guder y otros, *The Missional Church: A Vision for the Sending of the Church in North America* (William B. Eerdmans, 1998), 102.

3. Elton Trueblood, *The Common Ventures of Life: Marriage, Birth, Work and Death* (Harper & Brothers, 1949), 87.

4. Lesslie Newbigin, *Foolishness to the Greeks: The Gospel and Western Culture* (Eerdmans, 1986), 143.

5. Robert N. Bellah y otros, *Habits of the Heart: Individualism and Commitment in American Life* (University of California Press, 1985), 287-288.

6. Dorothy L. Sayers, "Why Work?", en *Letters to a Diminished Church: Passionate Arguments for the Relevance of Christian Doctrine* (Thomas Nelson, 2004), 127-128.

7. Sayers, "Why Work?", 118.

Capítulo 7 - El descanso del (y en el) trabajo

1. Alexandra Kalev y Frank Dobbin, "The Surprising Benefits of Work/Life Support", *Harvard Business Review Magazine*, septiembre/octubre de 2022, https://hbr.org/2022/09/the-surprising-benefits-of-work-life-support.

2. Timothy Keller y Katherine Leary Alsdorf, *Toda buena obra: Conectando tu trabajo con la obra de Dios* (Andamio Editorial, 2017), 286.

3. Will Messenger, ed., *Theology of Work Bible Commentary, Volume 1: Genesis through Deuteronomy* (Hendrickson, 2015), 98.

4. Messenger, *Theology of Work Bible Commentary*, 98.

5. Keller y Alsdorf, *Toda buena obra*, 288-290.

6. Andy Crouch, *Playing God* (InterVarsity Press, 2013), 254.

7. Keller y Alsdorf, *Toda buena obra*, 296-297.

8. Alexander Schmemann, *For the Life of the World: Sacraments and Orthodoxy* (St. Vladimir's Seminary Press), 51.

9. R. Paul Stevens, *The Other Six Days: Vocation, Work, and Ministry in Biblical Perspective* [*Los otros seis días*] (Eerdmans, 1999), 37-38.

10. Crouch, *Playing God*, 259.

11. Keller y Alsdorf, *Toda buena obra*, 295.

12. F. F. Bruce, *The Epistle to the Hebrews, Revised*, The New International Commentary on the New Testament (Eerdmans, 1990), 109.

13. Bruce, *The Epistle to the Hebrews*, 109.

14. Crouch, *Playing God*, 261-262.

15. Schmemann, *For the Life of the World*, 51.

Epílogo

1. Publicado originariamente *online*, Denver Institute for Faith & Work, "Guiding Principles", consultado el 3 de abril de 2023, www.denverinstitute.org/guiding-principles, ©Denver Institute for Faith & Work, y se ha usado con permiso.

Otros libros de la serie

Por fin es lunes
Ministerio en el lugar de trabajo
Mark Greene

Y tú, de mayor, ¿qué quieres ser?
25 claves para acceder al mundo laboral
David Ortega Ibáñez

Esto es vida
Decisiones que funcionan para gente que trabaja
Paul Valler

Dios, tú y tu trabajo
Cómo encajar cada pieza en su lugar
Ian Coffey

Cristianos superocupados
Organiza tu vida. ¡No dejes que ella te organice a ti!
Tim Chester

Diez en el trabajo
El decálogo aplicado al entorno laboral
John Parmiter

El trabajo y la adoración
Conectar de nuevo el trabajo y el culto
Matthew Kaemingk y Cory B. Willson

andamio

Libros para tu vida

📷 f ▶ 𝒫   🐦
@andamioeditorial   @andamio_edita

La **misión** de Andamio es publicar y difundir literatura que, desde una perspectiva bíblica, contribuya al desarrollo integral de la persona, la iglesia y a la transformación de la sociedad.

Somos la editorial de los **Grupos Bíblicos Unidos** (GBU) y nacimos en 1987. Los GBU iniciaron su camino en el mundo de la literatura cuando un grupo de estudiantes universitarios puso en marcha (1974) una revista muy sencilla a nivel de producción, pero muy rica en contenidos. Desde ese comienzo un tanto "inesperado", con pocos recursos pero con muchas ganas, hemos ido creciendo hasta el día de hoy.

Andamio ha sido y es el resultado del trabajo y **colaboración de muchas personas**, unido a la **ayuda de Dios** a lo largo de todo este camino.

portafolioandamio.com
andamioeditorial.com

COLOFÓN

andamio editorial

Alts Forns n.º 68, sót. 1.º
08038 Barcelona. España
Tel. (+34) 93 432 25 23

l·bros@andamioeditorial.com
www.andamioeditorial.com

Andamio es la editorial de los Grupos Bíblicos Unidos en España, que a su vez es miembro del movimiento estudiantil evangélico a nivel internacional (IFES), cuya misión es hacer discípulos y promover el testimonio de Jesús en los institutos, universidades y centros de trabajo.

TRADUCCIÓN
Daniel Menezo

CORRECCIÓN
Miguel Llop y Jaume Llenas

DIRECCIÓN DE ARTE
Sr. y Sra. Wilson

MAQUETACIÓN Y CUBIERTA
Andressa Rosa de Oliveira

DEPÓSITO LEGAL
B. 13973-2024

ISBN
978-84-10166-19-6

IMPRESO EN ULZAMA
IMPRESO EN ESPAÑA

El trabajo fiel

Faithful Work
Ross Chapman y Ryan Tafilowski, 2024

© ANDAMIO EDITORIAL, 2024
1.ª EDICIÓN JULIO 2024